9783403199632

Liebe Schülerin, lieber Schüler,

immer öfter wird von dir erwartet, dass du Arbeitsergebnisse vor der gesamten Klasse darstellst. Damit kannst du schon in der Schule eine sehr wichtige Fähigkeit für das spätere Berufsleben oder das Studium trainieren. Entscheidend für den Erfolg deiner Präsentation ist, dass die Inhalte für die Zuhörerinnen und Zuhörer interessant sind und lebendig „rüberkommen". Nur dann bleiben wichtige Ergebnisse auch wirklich „hängen".

Präsentieren ist weitaus mehr, als einen Vortrag zu halten und vielleicht eine Folie dazu zu zeigen. Aber das Gute ist: Erfolgreiches Präsentieren kannst du durchaus lernen!

Und dabei will dir dieses Heft helfen. Eine gute Vorbereitung hilft dir zum Beispiel, Stress und Aufregung im „Ernstfall" zu verringern. Dies gelingt dir, wenn du vorher weißt, was deine Mitschülerinnen und Mitschüler von dir erwarten und was du genau sagen willst. Auch die Auswahl der Hilfsmittel, der Umgang mit Pannen oder eine konkrete Rückmeldung vom Publikum sind planbar und ausschlaggebend für den Erfolg deiner Präsentation.

Damit du schneller das Thema findest, das dich gerade interessiert, hier eine Übersicht über die **Gliederung des Hefts:**

Der **erste Teil** beantwortet dir Fragen zu den **beteiligten Personen** (also zu dir und deinem Publikum) und zur **Bearbeitung des Themas,** z. B.:

- Wie gehe ich mit Lampenfieber um?
- Was erwartet mein Publikum von mir?
- Wie reagiere ich auf Störungen?
- Wie interessiere ich meine Mitschülerinnen und Mitschüler für mein Thema?
- Wie gehe ich das Thema am besten an?

Im **zweiten Teil** geht es um konkrete **Hilfsmittel** für deine Präsentation:

- Ist ein Plakat oder ein Tafelbild für mein Thema geeignet?
- Stelle ich die Zusammenhänge am besten in einem Diagramm, in einer Tabelle oder an einem Modell dar?
- Was muss ich beim Einsatz von Laptop und Beamer beachten?

Der **dritte Teil** gibt dir Anregungen, wie du deine Mitschülerinnen und Mitschüler aktivieren kannst und eine **Rückmeldung** bekommst:

- Überprüfe ich, ob meine Mitschülerinnen und Mitschüler etwas behalten haben, besser über ein Quiz oder einen „Brief an mich"?
- Wähle ich am besten die Zielscheibe oder die Signalkarten, um zu erfahren, ob mein Vortrag verständlich und spannend war?

Damit du dich leichter zurechtfindest, haben wir jedes Thema **auf einer Doppelseite** dargestellt:

Die linke Seite

- führt in einem kurzen Infotext in das Thema ein.
- gibt dir konkrete Tipps in übersichtlicher Form.

Die rechte Seite

- bietet dir Anwendungsbeispiele und Übungen aus verschiedenen Unterrichtsfächern.
- gibt dir Platz für eigene Ideen und Notizen.

Auf beiden Seiten findest du immer wieder auch hilfreiche Checklisten zum Abhaken.

Noch mehr praktische Hilfen gibt es im **Anhang:**

ein Schlagwortregister

- mit umfangreichen Stichwörtern aus allen Bereichen des Präsentierens
- zum schnellen Auffinden von Themen und Seitenzahlen

den Lösungsteil

- mit konkreten Lösungsbeispielen zu den gestellten Aufgaben

eine praktische Planungshilfe

- für die einzelnen Schritte deiner Präsentation

Wir wünschen dir nun viel Spaß und Erfolg bei der Arbeit mit diesem Heft und natürlich viele gelungene Präsentationen!

Susanne Oberreuter   *Johann Budniak*

Dein Gehirn ist keine starre Konstruktion. Immer wenn du etwas Neues erfährst oder lernst, verändert sich der „Schaltplan“ in deinem Gehirn. Das Gehirn filtert ständig alle Informationen und pickt sich aus der Flut von Reizen automatisch Interessantes heraus. Eine Information, die du lernen willst, bleibt dann besonders gut „hängen“, wenn du sie mit anderen, schon gespeicherten Informationen verknüpfen kannst (z. B. ein Bild, eigene Erfahrungen, eine ähnliche Vokabel in anderer Sprache).
Alle Bereiche deines Gehirns tragen dazu bei: Das **Stammhirn** reagiert sensibel auf **Stress**. Bei Stress oder Streit wird die Denkleistung des Gehirns beeinträchtigt. Das **Mittelhirn** filtert die Informationen nach **Interesse** und reagiert auf **Gefühle**: Wenn du schlechte Laune hast, bleibt beim Lernen weniger hängen. Das **Großhirn** ist die Schaltstelle des Gedächtnisses und besteht aus **zwei Gehirnhälften**. Die linke Gehirnhälfte ist spezialisiert auf Sprache, Zahlen, Logik, Symbole und Formeln. Die rechte Gehirnhälfte verarbeitet dagegen Farben, Musik, Bilder und Gefühle. Wenn du beim Lernen beide Gehirnhälften aktivierst, kannst du dir Inhalte besser merken und machst es bei der Präsentation auch deinen Mitschülerinnen und Mitschülern leichter.

Achtung: Ähnliche Zusammenhänge oder Begriffe kann dein Gehirn nur schwer aufnehmen! Also: Lerne nicht direkt hintereinander gleich klingende Wörter mit unterschiedlicher Bedeutung (engl: sun und son) oder zwei Lektionen mit ähnlichem Inhalt.

Hier bekommst du Tipps, wie du dein Gehirn bei der Arbeit unterstützen kannst. Ergänze eigene Ideen.

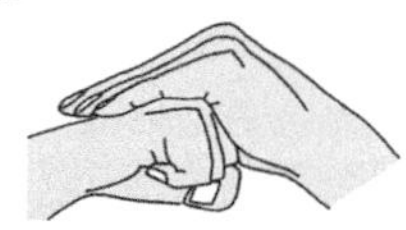

Zwei Hände symbolisieren dein Gehirn:
linke Hand = ***Stammhirn***
Faust = ***Mittelhirn***
umschließende Hand = ***Großhirn***

das Stammhirn beruhigen
- Streit und Ärger vermeiden
- frühzeitig vorbereiten ohne Zeitdruck
- negative Gedanken in positive umformulieren
- entspannen durch kräftiges Durchatmen zu Beginn des Vortrags
- ______________________
- ______________________

das Mittelhirn interessieren
- Langeweile vermeiden durch Abwechslung
- für eine gute Stimmung sorgen
- Informationen aussuchen, die für die Zuhörer/innen wichtig und bedeutsam sind
- ______________________
- ______________________

im Großhirn Informationen vernetzen
- neue Informationen mit etwas Bekanntem verbinden (z. B. durch anschauliche Beispiele aus dem Alltag)
- Transparenz erzeugen (z. B. durch übersichtliche Diagramme)
- auch die rechte Gehirnhälfte aktivieren mit Farben, Bildern oder Musik
- ______________________
- ______________________

Gerade bei schwierigen oder abstrakten Unterrichtsinhalten ist es besonders wichtig, das Gedächtnis gezielt zu unterstützen.
Im Mathematikunterricht der Klasse 7 sollst du erklären, wie man aus dem Grundwert G und dem Prozentsatz p% den Prozentwert W berechnet. Dabei kannst du Kais Beispiel aufgreifen und die Infos und deine Tipps von eben nutzen.

Kais Beispiel:

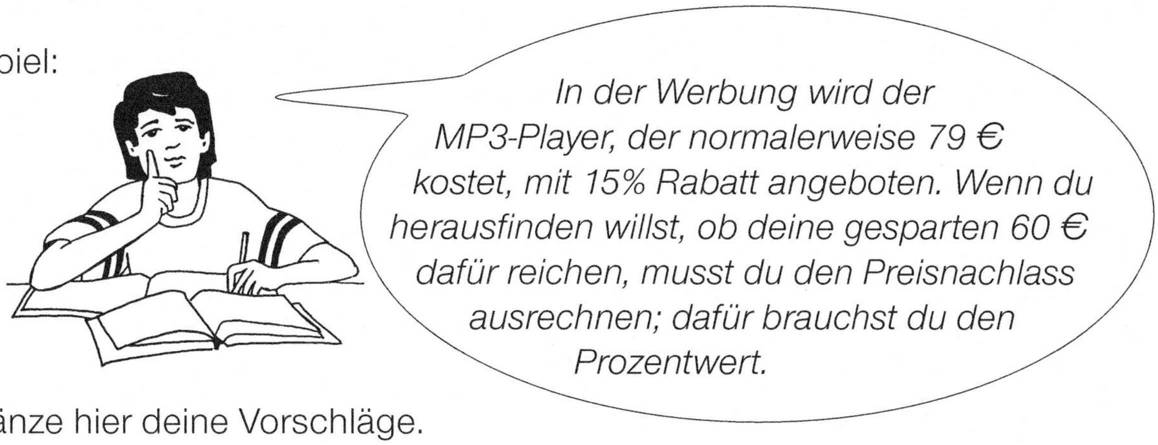

Ergänze hier deine Vorschläge.

Wichtigkeit und Bedeutsamkeit betonen

In welchen anderen Situationen ist der Prozentwert für Jugendliche noch von Bedeutung?

____

____

____

____

linke und rechte Gehirnhälfte aktivieren

Wie kannst du mathematische Berechnungen einprägsam mit Farben, Bildern, Musik oder Gefühlen verbinden?

____

____

____

____

Motivation und Anreize schaffen

Wie kannst du Langeweile vermeiden und Aufmerksamkeit erzeugen?

____

____

____

____

an Bekanntes anknüpfen

Gibt es bekannte oder ähnliche Aufgaben/Rechnungen aus dem vorherigen Unterricht?

____

____

____

____

Der Mensch hat **fünf Sinne,** mit denen er Informationen aufnehmen kann: das Sehen, Hören, Schmecken, Riechen und Tasten.

Besonders gut kannst du dir etwas merken, wenn du es über möglichst viele dieser „Kanäle" aufnimmst.

In der Schule werden Informationen häufig nur über das Sehen und Hören aufgenommen, z. B. wenn jemand einen Vortrag hält oder an die Tafel schreibt. Am besten behältst du jedoch das, was du selber ausprobiert oder mit anderen besprochen hast.

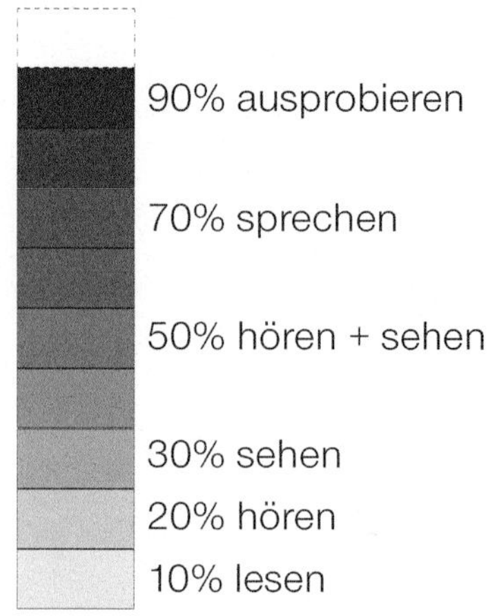

Diese Abbildung zeigt dir, wie viel Prozent du von dem Gelernten behalten kannst.

Deshalb solltest du bei deiner Präsentation den Mitschülerinnen und Mitschülern die Gelegenheit geben, Rückfragen zu stellen oder über die Inhalte miteinander zu sprechen. Dann bleiben die Informationen besser hängen.

Zum Beispiel kannst du einen längeren Vortrag in zwei oder drei kürzere Abschnitte einteilen und dazwischen ein geeignetes Feedback oder Zeit für Fragen einplanen. Zusätzlich kannst du die Zwischenergebnisse auf Moderationskarten, einer Folie oder Flipchart festhalten, so dass sie jeder auch sehen kann.

So sprichst du die Sinne deines Publikums an:

Sehen

- Bilder oder Modelle zeigen
- Handout zum Mitlesen verteilen
- Experiment vorführen
- auf Flipchart oder Folie schreiben
- ______________________________

Schmecken

- Geschmacksrichtungen probieren lassen
- Inhalte mit Geschmack verbinden
- ______________________________

Tasten

- selber Ausprobieren lassen
- Dinge zum Anfassen mitbringen
- ______________________________

Hören

- Stimme variieren
- Geräusche, Musik einspielen
- über Gehörtes miteinander sprechen lassen
- ______________________________

Riechen

- Raum gut lüften
- Düfte einsetzen
- Dinge mit starkem Eigenduft mitbringen
- ______________________________

Auch die beste inhaltliche Vorbereitung ist umsonst, wenn deine Zuhörer/innen einen Tag später alles vergessen haben.
Im Deutschunterricht möchtest du der Klasse dein Lieblingsbuch vorstellen und die anderen dafür so begeistern, dass sie es nicht so schnell vergessen. Überlege, wie du die unterschiedlichen Sinne deiner Mitschülerinnen und Mitschüler aktivieren kannst.

Trage hier deine Vorschläge ein!

das Sehen aktivieren

- Welche Bilder zeigst du? ____________________
- Welche Gegenstände oder Requisiten bringst du mit? ____________________
- Gibt es Filmszenen, die du einspielen kannst? ____________________

das Hören aktivieren

- Wie veränderst du deine Stimme? ____________________
- Welche Geräusche eignen sich? ____________________
- An welcher Stelle hat dein Publikum die Gelegenheit, Fragen zu stellen? ____________________

das Tasten aktivieren

- Welche Gegenstände oder Requisiten gibst du herum? ____________________
- Was sollen die Mitschülerinnen und Mitschüler aufschreiben oder aufmalen? ____________________

das Schmecken und Riechen aktivieren

- Gibt es Szenen, bei denen ein bestimmter Geruch oder Geschmack eine Rolle spielt? ____________________
- Welche weiteren Ideen hast du, um diese Sinne anzusprechen? ____________________

Und schließlich: Wie können deine Zuhörer/innen selbst aktiv werden?

- ____________________

Du stehst bei deiner Präsentation im Mittelpunkt des Geschehens. Darum ist eine gute Vorbereitung wichtig. Du bist der Experte und musst über das notwendige **Fachwissen** verfügen. Dies gibt dir Sicherheit und Raum für Spontaneität. Aber auch in anderen Bereichen kannst du dich auf deine Präsentation vorbereiten: Wenn du selbst **motiviert** bist, steckst du damit andere an. Kennst du deine **Stärken,** kannst du sie bewusst einsetzen. Und durch gezielte **Entspannung** erreichst du ein sicheres Auftreten und steigerst deine innere Ruhe.

Folgendes Schaubild enthält Anregungen zur Vorbereitung. Ergänze deine eigenen Ideen.

Motivation

Überlege, was dich am Thema am meisten interessiert.

- Nutze Medien, mit denen du gut umgehen kannst.
- ____________________
  ____

Fachwissen

Besorge dir genügend Informationen zum Thema.

- Besprich Unklarheiten mit deinem Lehrer.
- ____________________
  ____

Ich

Entspannung

- Atme vorher tief ein und aus.
- Spanne deine Hände zur Faust und löse sie.
- ____________________
  ____
  ____

Selbstbewusstsein

- Überlege dir zu jedem negativen Gedanken eine positive Antwort: *„Ich kriege morgen keinen Ton heraus."* → „Nein, ich habe meinen Vortrag zu Hause laut geübt."
- ____________________
  ____

An einem konkreten Beispiel kannst du jetzt deine Vorbereitung üben. Stell dir vor, du willst im Fach Geschichte deinen Mitschülerinnen und Mitschülern etwas über die Lebensweise der Menschen in früheren Zeiten berichten.

Ergänze hier deine eigenen Ideen zur Vorbereitung!

So motiviere ich mich:

- Zurzeit interessiert mich am meisten ______________________________ ______________________________
- Mir macht ein mündlicher Vortrag Spaß, wenn ______________________________ ______________________________
- Das kann ich besonders gut: ______________________________ ______________________________
- ______________________________ ______________________________

Ich bin die Expertin/der Experte!

- Da hole ich mir wichtige Informationen: ______________________________ ______________________________ ______________________________
- Wenn ich nicht weiterweiß, frage ich ______________________________ ______________________________
- Ich übe den Umgang mit dem Spickzettel und ______________________________ ______________________________
- ______________________________ ______________________________

Ich entspanne mich vorher!

- Diese Übungen probiere ich vorher aus: ______________________________ ______________________________ ______________________________
- Etwas Lampenfieber gehört dazu. Es macht mich fit und munter. Bei mir sieht Lampenfieber so aus: ______________________________ ______________________________ ______________________________
- ______________________________ ______________________________

Ich trainiere mein Selbstbewusstsein!

- Mein positiver Gedanke ist: ______________________________ ______________________________
- So gehe ich mit meinen Schwachstellen um: ______________________________ ______________________________
- Das will ich vorher üben: ______________________________ ______________________________ ______________________________

Wusstest du eigentlich, dass mehr als die Hälfte unserer Kommunikation nicht über die Sprache abläuft, sondern über den Blick, die Mimik und Gestik?

Deine Mitschülerinnen und Mitschüler schließen unbewusst von deiner **Körpersprache** auf deine innere Einstellung. Eine offene und selbstbewusste Körperhaltung kannst du vorher trainieren. Sie gibt dir Sicherheit.

Auch deine **Stimme** kannst du bewusst einsetzen. Der Anfang deines Vortrags ist besonders wichtig. Beginne auf jeden Fall erst, wenn Ruhe herrscht, um die Aufmerksamkeit aller zu gewinnen. Formuliere dann in einfachen und verständlichen Sätzen. Bedenke: Die Zuhörer können Informationen nicht so schnell aufnehmen, wie du sie aussprechen kannst.

Durch **Gesten** (z. B. Handbewegungen) und **Mimik** (Blickkontakt und Gesichtsausdruck) unterstreichst du deinen Vortrag wirkungsvoll. Durch ein lockeres und freundliches Auftreten interessierst du deine Zuhörer/innen am besten für dein Thema.

Hier einige Tipps für einen erfolgreichen Vortrag:

Körpersprache

- gerade und fest auf beiden Beinen stehen
- zur Beruhigung tief ein- und ausatmen
- Wende dich deinem Publikum zu.
- Zeige eine offene Körperhaltung.
- Verstecke dich nicht hinter deinem Spickzettel.

Stimme

- Sprich langsam und deutlich.
- Variiere Stimme und Tonlage.
- Betone wichtige Begriffe.
- Mache zwischendurch kurze Pausen.

Mimik und Gestik

- Spickzettel helfen beim freien Sprechen.
- Schaue deine Zuhörer an.
- Dein Gesichtsausdruck ist freundlich.

Im Fach Gesellschaftslehre sollen europäische Urlaubsgebiete in Kurzpräsentationen vorgestellt werden. Die inhaltlichen Kriterien habt ihr im Unterricht gemeinsam festgelegt. Nun bereitest du zu Hause deinen Vortrag vor.

Du hast alle wichtigen Informationen zusammengetragen und weißt, was du sagen willst. Aber wie bringst du es am besten „rüber"?

Meine Körpersprache

- Ich überlege, was mir beim Reden vor Publikum schon gut gelingt:
- Was stört mich selbst am meisten, wenn ich vor der Klasse stehe?
- Diese Tipps werden mir weiterhelfen:

Meine Stimme

- So übe ich meinen Vortrag zu Hause:
- Damit meine Stimme lauter und sicherer wird, trainiere ich
- Diese drei Personen frage ich, ob sie vorher einmal als Probepublikum zuhören:

Meine Mimik und Gestik

- An diesen Stellen setze ich Handbewegungen ein:
- Diese Freundin/diesen Freund kann ich im Publikum immer anschauen:

Hast du das Publikum auf deiner Seite, kann deine Präsentation nicht mehr schiefgehen. Dazu musst du überlegen, was deine Zuhörer/innen von dir **erwarten,** also was sie interessiert oder was sie von dir wissen wollen.
Am Anfang ist es besonders wichtig, die **Aufmerksamkeit** aller zu gewinnen.
Weiterhin gilt: Nur wer dich **versteht,** hört dir auch zu! Hier musst du z. B. an deine Sprache denken, aber auch an das Vorwissen deiner Mitschüler/innen.
Bei Langeweile, schlechter Sicht oder schlechter Akustik kommt es schnell zu **Störungen,** die du durch eine gute Planung vermeiden kannst.

Das Schaubild sagt dir, wie du dein Publikum für dich gewinnen kannst. Notiere auch deine eigenen Ideen.

Erwartungen

- Suche Informationen, die für alle neu sind.
- Kündige ein Feedback an.
- ______________________________

  ____

Verständlichkeit

- Knüpfe an Vorwissen an.
- Sprich verschiedene Lernkanäle an.
- Gib Beispiele aus dem Alltag.
- Sprich langsam und deutlich.

  ____

Publikum

Aufmerksamkeit

- Beginne mit einem Knüller.
- Achte darauf, dass dich jeder gut hören und sehen kann.
- Sorge zwischendurch für Abwechslung.
- Rede maximal 10 Minuten am Stück.
- ______________________________

  ____

Störungen

- Ignoriere einmalige Störungen.
- Sieh und sprich einen Störer direkt an.
- Vermeide technische Pannen durch eine gute Vorbereitung.
- ______________________________

  ____

  ____

  ____

Im Fach Musik habt ihr bereits verschiedene Stilrichtungen besprochen. Nun sollst du dir aus dem Bereich Popmusik einen Einzelkünstler oder deine Lieblingsgruppe aussuchen und möglichst spannend vorstellen. Überlege, wie du deine Mitschüler/innen begeistern kannst.

Notiere hier deine Vorschläge.

Das erwartet mein Publikum von mir:

- Welche Informationen sind für die meisten wahrscheinlich neu?
  ______
- Was interessiert am meisten: die Musik? Persönliches?
  ______
- Spannung erziele ich durch:
  ______
  ______
- So beziehe ich die Mitschüler/innen mit ein:
  ______
  ______

So wird meine Präsentation verständlich:

- Darauf achte ich bei meiner Sprache: ______
  ______
- So aktiviere ich verschiedene Sinne der Mitschüler/innen:
  ______
  ______
- Warum ich die Musik so gut finde, versteht jeder besser, wenn ich
  ______
  ______
  ______

Dadurch kann ich die Aufmerksamkeit gewinnen:

- So sieht mein Einstieg aus:
  ______
  ______
- Ich setze folgende Medien ein:
  ______
  ______
- Darauf wird bestimmt jeder aufmerksam: ______
  ______
  ______
- Für Abwechslung sorge ich so:
  ______

So vermeide ich Störungen:

- Auf Zwischenrufe reagiere ich so:
  ______
  ______
  ______
- Wenn jemand stört, sage ich:
  ______
  ______
  ______
- Um Pannen zu vermeiden, übe ich vorher: ______
  ______
  ______

Die Mitschüler/innen verfolgen meist ruhig und gespannt, was ihnen präsentiert wird. Dennoch wird nicht jeder Einzelne alles gleich verstehen oder nachvollziehen können. Aber zwischendurch will in der Regel keiner stören, und am Ende traut sich oft niemand mehr, eine Frage zum Thema zu stellen. Manchmal hat das Publikum auch Fragen zur Durchführung der Präsentation oder zur Auswahl der Hilfsmittel.

Du wirst deine Zuhörer/innen begeistern und ihre Aufmerksamkeit steigern, wenn du ihnen während deiner Präsentation die Gelegenheit gibst, Fragen zu stellen.

Das heißt aber auch, dass du dir vorher überlegen musst, wann du Fragen zulassen willst oder welche Fragen zum Thema kommen könnten. Aber keine Angst, nicht jede Frage muss sofort beantwortet werden! Du kannst einen Fragespeicher nutzen oder, wenn die Fragen über dein Thema hinausgehen, eben darauf hinweisen.

Hier einige Tipps zum Umgang mit Fragen:

Fragen festhalten

Zwischenfragen stören oft den Ablauf, daher antworte nicht sofort auf jede Frage.

- Damit Fragen nicht verloren gehen, nutze einen Fragespeicher, d. h. notiere sie an einer gut sichtbaren Stelle (oder bitte jemanden, dies für dich zu tun).
- Bitte deine Zuhörer/innen, ihre Fragen während der Präsentation aufzuschreiben.
- Du kannst auf eine gemeinsame Fragerunde am Schluss, z. B. als Blitzlicht, hinweisen.

Fragen beantworten

- Überlege dir schon vorher, an welchen Stellen Verständnisfragen auftreten könnten. Halte dafür zusätzliche Informationen, Erklärungen oder Beispiele bereit.
- Auf alle möglichen Fragen kannst du nicht vorbereitet sein. Weise auf Fachbücher oder Internetadressen hin, wenn jemand mehr wissen möchte.
- Hast du einen Fragespeicher benutzt, musst du ähnliche Fragen am Ende nur einmal beantworten.
- Kommen viele Nachfragen, können diese vielleicht auch im folgenden Unterricht behandelt werden. Berate dich mit deinem Lehrer.

Stell dir vor, du willst im Erdkundeunterricht einen Kurzvortrag über unser Planetensystem halten.
Wie sieht deine Vorbereitung zum Thema „Umgang mit Fragen“ nun konkret aus?

Hier kannst du die Tipps der vorherigen Seite anwenden.

Fragen festhalten

So würde ich Fragen während meiner Präsentation festhalten, damit sie nicht verloren gehen:

____

____

____

Fragen beantworten

An dieser Stelle kündige ich eine Gelegenheit zum Nachfragen an:

____

____

____

Diese Verständnisfrage könnte kommen:

____

____

____

Diese Information oder Erklärung halte ich dafür bereit:

____

____

____

Diesen Literaturhinweis bzw. diese Internetadresse gebe ich an, wenn jemand mehr wissen will:

____

____

____

Bei vielen Aufgaben wird vorher entschieden, ob die Arbeit allein, zu zweit oder in der Gruppe vorbereitet werden soll.
Eine **Gruppe** hat eher die Möglichkeit, auch aufwändige Präsentationsformen (z. B. *Rollenspiel* oder *Talkshow*) zu realisieren. In der **Partnerarbeit** könnt ihr euch gegenseitig helfen und beraten, bei der **Einzelarbeit** bist du unabhängig von anderen.

Jede Arbeitsform beinhaltet also bestimmte Möglichkeiten oder Einschränkungen für die Präsentation. In jedem Fall solltest du frühzeitig überlegen, was du tun kannst, wenn die Arbeit allein oder mit anderen nicht klappt.

Die Übersicht zeigt die Vorteile und Einschränkungen der unterschiedlichen Arbeitsformen. Ergänze eigene Erfahrungen.

Gruppenarbeit	Vorteile	Einschränkungen
	• Im Team entstehen kreativere Ideen. • Die Aufgaben können verteilt werden. • Jeder kann eigene Stärken einbringen. • In der Gruppe könnt ihr euch gegenseitig unterstützen. • Bei der Präsentation stehst du nicht allein da. • ____________________ ____________________	• In der Gruppe musst du dich auf verschiedene Mitschülertypen einstellen und Kompromisse eingehen. • Das Ergebnis ist abhängig von einer guten Zusammenarbeit. • Im Team sind klare Absprachen notwendig, an die sich alle halten müssen. • Ohne unbedingte Zuverlässigkeit geht gar nichts. • ____________________ ____________________

Das können wir tun, wenn es in der Gruppe nicht klappt:

- Wir verabreden Gesprächsregeln und halten diese ein.
- Wir vermeiden Provokationen und allgemeine Anschuldigungen.
- Wir treffen uns regelmäßig, um Zwischenergebnisse zu besprechen, und halten Vereinbarungen fest.
- Wir finden heraus, wo wir anderen helfen können.
- ____
- ____

Partnerarbeit

Vorteile

- Du kannst dich mit jemandem beraten.
- Du stehst bei der Präsentation nicht allein da.
- Kompromisse gelingen leichter als in der Gruppe.
- Absprachen sind weniger aufwändig.
- ____________________________
  ____

Einschränkungen

- Du musst eine andere Meinung zulassen.
- Falls dein Partner ausfällt, musst du die Präsentation allein übernehmen.
- Wenn es kracht, geht schnell gar nichts mehr.
- ____________________________
  ____

Das kann ich tun, wenn es zu zweit nicht klappt:

- Ich höre meiner Partnerin/meinem Partner zu und halte Absprachen ein.
- Ich spreche Probleme offen und sachlich an.
- Ich vermeide Verallgemeinerungen und gebe Ich-Botschaften *(„**Ich** habe Probleme mit deiner Unpünktlichkeit." statt: „**Du** bist immer zu spät.")*
- ____

Einzelarbeit

Vorteile

- Du kannst eigene Ideen umsetzen.
- Du kannst dein eigenes Arbeitstempo wählen.
- Du bist unabhängig von anderen.
- ____________________________
  ____

Einschränkungen

- Du musst alle anfallenden Arbeiten allein bewältigen.
- Du stehst bei der Präsentation allein vor der Klasse.
- Du kannst nicht alle Präsentationsformen nutzen (z. B. Rollenspiel).
- ____________________________
  ____

Das kann ich tun, wenn es allein nicht klappt:

- Bei Unklarheiten oder Problemen frage ich frühzeitig nach.
- Ich beschränke meine Arbeit, wenn ich mir zu viel vorgenommen habe.
- Ich suche mir für die Präsentation einen Helfer (z. B. einen Medienexperten).
- ____

Bevor du deine Präsentation im Einzelnen planst, solltest du deine **Ziele** genau überlegen. Denn nur wenn du weißt, was du tun und bei deinem Publikum erreichen willst, kannst du konkrete Ideen zur Umsetzung entwickeln. Sollen deine Mitschülerinnen und Mitschüler etwas Neues kennen lernen, Zusammenhänge verstehen oder etwas selbst anwenden können? In einer Präsentation wirst du meist mehrere Ziele verfolgen, umso wichtiger ist es, dass du dir genau überlegst, was gerade im Vordergrund steht.
Von deiner Zielsetzung hängen weitere Entscheidungen ab, z. B. ob du bei deiner **Vorbereitung** eher neue Informationen suchst oder Argumente benötigst. Entsprechend kannst du die passenden Schwerpunkte und Informationen auswählen.
Damit deine Mitschüler sich nicht langweilen bzw. überfordert werden, solltest du dir darüber klar werden, welche **Vorkenntnisse** sie besitzen und von welchen Erwartungen auszugehen ist. Auch die benötigten **Medien** oder Hilfsmittel wählst du danach aus, was du erreichen willst.

Hier sind mehrere Möglichkeiten für die Zielsetzung und die notwendige Vorbereitung einer Präsentation in Stichpunkten aufgelistet.

Ziel		Vorbereitung
Fakten vermitteln, informieren	⇔	geeignete Informationen suchen und auswählen
Zusammenhänge erklären	⇔	Zusammenhänge zuerst selber verstehen
eine eigene Meinung vertreten	⇔	eigene Argumente überlegen
etwas miteinander vergleichen	⇔	Gemeinsamkeiten und Unterschiede sammeln
einen Sachverhalt analysieren	⇔	Analysemerkmale kennen und Schlussfolgerungen ziehen
einen Standpunkt begründen	⇔	Pro- und Contraargumente kennen
eine Handlungsanweisung geben	⇔	Handlung selber ausprobieren, Sachverhalt selber anwenden können
unterhalten	⇔	Anekdoten und Pointen überlegen, für Abwechslung sorgen

Im Kunstunterricht lernt ihr verschiedene Epochen der Malerei im Überblick kennen. Dafür soll jeder ein Bild auswählen und der Klasse vorstellen. Du hast dich für ein Bild des Niederländers Vincent van Gogh entschieden. Es heißt *Sternennacht* und ist im Jahr 1889 entstanden.

✎ Unten findest du drei unterschiedliche Ziele für diese Präsentation. Ordne Vorbereitung und Medien jeweils passend zu.

Ziel →	**Vorbereitung** →	**Medien**
den Lebensweg des Malers van Gogh lebendig werden lassen		
das Besondere an van Goghs Bild im Vergleich mit berühmten Bildern seiner Zeit deutlich machen		
van Goghs besondere Malweise und Farbsymbolik erklären		

Vorbereitung:

Bilder anderer bedeutender Maler (z. B. Renoir) suchen und Unterschiede notieren	Biografien zum Leben van Goghs lesen, interessante und wichtige Daten auswählen	die Pinselführung genau studieren und herausfinden, was die Farben Gelb und Blau für van Gogh bedeuten

Medien:

Poster oder Großdruck des Bildes „Sternennacht“	Farbfotokopien von Bildern, die zur selben Zeit entstanden sind	Fotos des Malers und seiner Eltern, Fotos seiner Wohnorte

Lösung siehe Seite 54

Stell dir vor, du hast zu deinem Thema viele spannende Informationen gefunden, die du natürlich alle an dein Publikum weitergeben möchtest. Auswahl und Reihenfolge sind dir egal, schließlich ist ja alles wichtig und interessant – falsch gedacht!

Nicht nur, dass dein Publikum nur einen kleinen Teil des Gesagten behalten wird, wenn du die ganze Zeit redest – auch die **Aufbereitung der Informationen** beeinflusst entscheidend die Aufmerksamkeit deiner Zuhörer/innen. Sie können dir leichter folgen, wenn du deine Informationen geschickt auswählst **(Weniger ist mehr!)** und in einer durchdachten Reihenfolge präsentierst. Sie können sich besser orientieren, wenn du deine **Gliederung** veranschaulichst. Und sie sind aufmerksamer, wenn du ihr Interesse immer wieder weckst und so einen **Spannungsbogen** aufbaust.

Hier erhältst du Anregungen, wie du die Informationen gliedern und einen Spannungsbogen aufbauen kannst.

Informationen auswählen

Orientiere dich bei der Auswahl von Informationen an diesen Fragen:

- Was sind Kernaussagen?
- Was ist fachlich neu?
- Was ist interessant?
- Welchen Bezug gibt es zum Vorwissen?
- Welchen Nutzen hat mein Publikum davon?

Informationen sortieren

Dies sind Vorschläge zur Sortierung, manchmal ist auch die andere Richtung (←) sinnvoll.

- Ursache → Wirkung
- These → Argument
- Beispiel → Verallgemeinerung
- Problem → Lösung
- Vermutung → Begründung
- chronologisch:
  früher → heute
  zuerst → später

Spannung aufbauen

So kannst du Interesse wecken:

- Beziehe dein Publikum mit ein *(„Wusstet ihr schon, dass ... ?“).*
- Betone unerwartete oder besonders interessante Informationen *(„Am meisten überrascht hat mich ...“).*
- Bringe sehr wichtige oder interessante Informationen erst im späteren Verlauf deiner Präsentation – kündige sie aber vorher an!
- Spare dir einen „Knaller“ für den Schluss auf!

Im Biologieunterricht habt ihr über gesunde Ernährung gesprochen. Du sollst in einem kurzen Vortrag über Aromen und Geschmacksverstärker berichten. Dabei bist du im Internet auf folgenden Text gestoßen:

Wie viele Erdbeeren sind tatsächlich in einem Erdbeerjoghurt?

In einem Erdbeerjoghurt wird die Fruchtmenge als „Fruchtgehalt" angegeben, dieser sollte möglichst hoch sein, also zwischen 10 und 20 Prozent liegen. Bei der Bezeichnung „Fruchtzubereitung" werden außer der Frucht auch noch Wasser, Zucker und Verdickungsmittel dazugezählt. Bei 18 Prozent Fruchtzubereitung sind nur sechs Prozent Früchte enthalten, dafür umso mehr Zucker. Das heißt, in 250 Gramm Joghurt mit Fruchtzubereitung muss eine halbe Erdbeere enthalten sein. Demzufolge sind in den meisten Joghurts mehr Aromastoffe als Früchte. Aromastoffe sind billiger und man kann durch sie Mängel ausgleichen. Bei der Herstellung in den großen Industriebetrieben geht den Früchten beim Transport, Lagern und Zerkleinern oft Aroma verloren, was durch die Aromastoffe ausgeglichen wird.
(Quelle: http://www.kinder-hd-uni.de/geschmack0.html; 15.1.08)

Bereite die Informationen des Textes für einen Kurzvortrag auf und nutze dafür die Fragen auf der vorigen Seite.

Informationen auswählen
Fachlich neu ist für mich:

____
____

Interessant finde ich:

____
____

Nutzen für mein Publikum:

____
____

Informationen sortieren
Notiere hier ein Problem mit Lösung:

____
____
____

Finde eine Ursache und deren Wirkung:

____
____
____

Spannung aufbauen
Mit dieser Information wecke ich die Neugier meiner Zuhörer/innen:

____
____

Der „Knaller" ist für mich diese Information:

____
____

Für eine Präsentation sind oft mehrere Tätigkeiten und Aufgaben in einem größeren Zeitabschnitt zu erledigen. Wird die Zeit knapp, dann häufen sich die Aufgaben, du kannst leicht in Stress geraten und den Überblick verlieren. Das lässt sich durch eine frühzeitige Zeitplanung verhindern. Tipp: Nutze hierzu auch den Planungsbogen auf Seite 61/62.

Wenn du die folgenden Fragen überwiegend mit „nein“ beantwortest, kannst du deine Arbeitsergebnisse durch eine bessere Zeiteinteilung verbessern:

Kennst du deine besten Arbeitszeiten am Tag? Schätzt du vorher ab, wie viel Zeit du für eine Aufgabe benötigst? Beginnst du mit interessanten Aufgaben, um dich gerade am Anfang zu motivieren? Weißt du, was du machen kannst, wenn du bei einer Aufgabe nicht weiterkommst? Sorgst du zwischendurch für Entspannung? Führst du einen Terminplaner? Hast du schon mal etwas von der **Alpen-** oder der **Eisenhower-Methode** gehört?

Diese Tipps und Methoden können dich bei deiner Zeitplanung unterstützen:

Wenn du eine **Arbeitsphase** planen willst:

A ufgaben vorher notieren
Was will ich im Einzelnen tun?

L änge, also Zeitdauer, abschätzen

P ufferzeit (für Unvorhergesehenes) und Pausen einplanen

E ntscheidungen treffen
Was ist wichtig? Womit fange ich an? Was brauche ich? ...

N achkontrolle
Was habe ich geschafft, was muss ich noch erledigen?

Die **Eisenhower-Methode** hilft bei der **Auswahl der Aufgaben:**

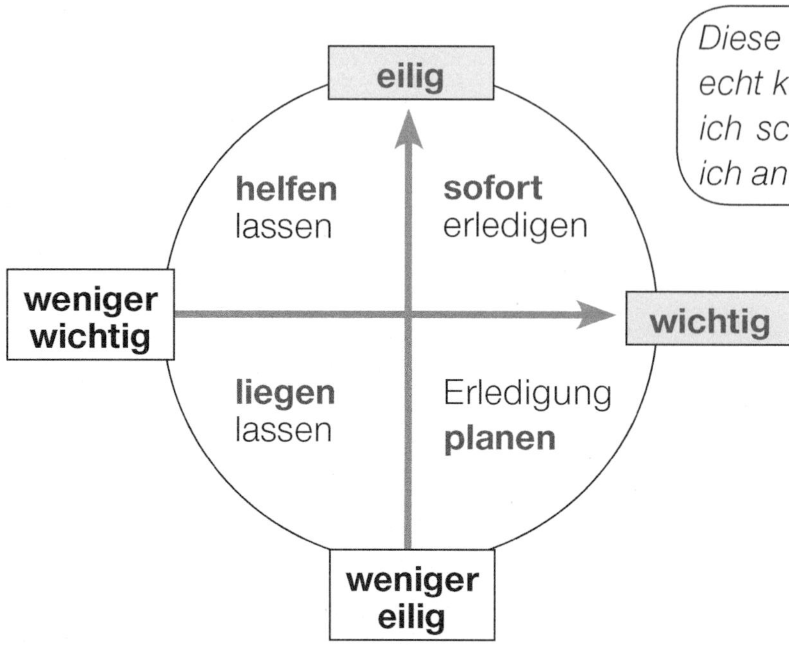

Im Fach Erdkunde sollst du das Gradnetz der Erde vorstellen und erklären. Du erhältst am Montag die Aufgabe und hast für deine Vorbereitung genau eine Woche Zeit. Du hast dich entschieden, für die Planung die **ALPEN-Methode** zu benutzen, und hast zuerst ungeordnet alle möglichen Arbeitsschritte notiert.

Erstelle einen konkreten Zeitplan. Lege dazu die Reihenfolge und die Termine für die Arbeitsschritte fest. Hake ab, was du in deine Planung aufgenommen hast.

Aufgaben:

- o Skizze vom Gradnetz auf Folie zeichnen
- o Informationen aus dem Internet suchen
- o Mitschüler bitten, Atlanten mitzubringen
- o Globus besorgen
- o Vortrag üben
- o Texte lesen und markieren
- o wichtige Informationen auswählen
- o Moderationskarten vorbereiten
- o Bücher ausleihen
- o Orte festlegen, deren Gradzahlen bestimmt werden sollen
- o Gliederung + benötigte Medien festlegen

Datum	Tag	Aufgaben	Länge	Pausen	Entscheidungen
17.02.	Mo.	11^{15} Uhr: Aufgabe erhalten			
18.02.	Di.				
19.02.	Mi.				
20.02.	Do.				
21.02.	Fr.				
22.02.	Sa.				
23.02.	So.				
24.02.	Mo.	10 Uhr: Präsentation!			

Lösung siehe Seite 55

Sehr wichtig für den Erfolg deiner Präsentation ist es, die passenden Präsentationsmittel auszusuchen. Durch deren Einsatz kannst du deinen eigenen Redeanteil verkürzen (ein Bild sagt manchmal mehr als tausend Worte). Zudem steigerst du die Aufmerksamkeit deiner Zuhörer/innen, da sie über **verschiedene Sinne** angesprochen werden und die Präsentation **abwechslungsreicher** ist. Mit den richtigen Präsentationsmitteln werden die Zusammenhänge besser verständlich und deine Zuhörer/innen können die Inhalte besser behalten.

Die unten stehende Übersicht zeigt dir die gängigsten **Präsentationsformen** und **Medien,** die du bei deiner Präsentation nutzen kannst. Zunächst solltest du dich für eine (oder mehrere) Präsentationsformen entscheiden, die zu deinem Thema passen. Dann kannst du deine eigene Präsentation ganz einfach zusammenstellen, indem du aus den verschiedenen Bereichen passende Elemente auswählst.

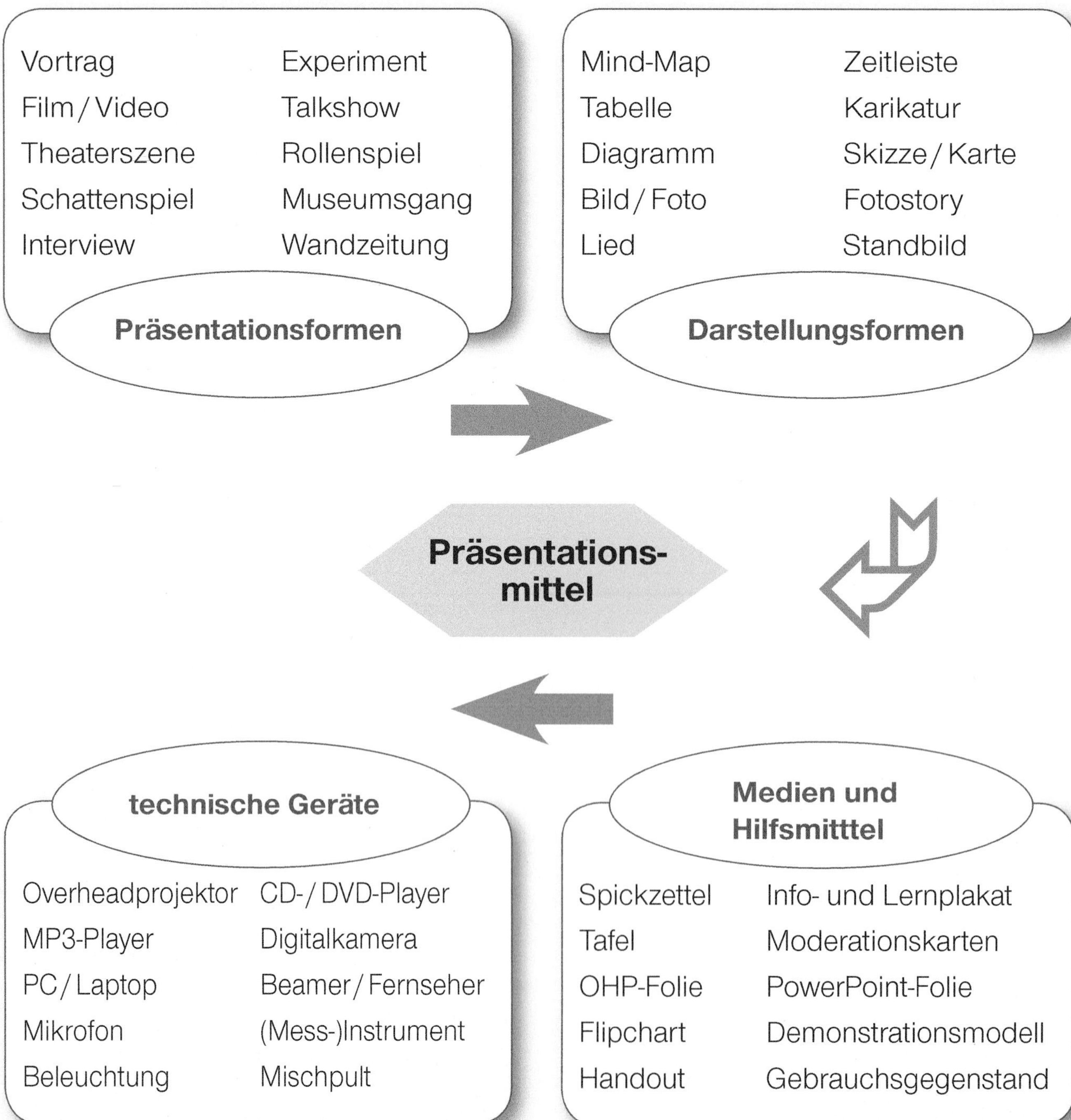

Stelle nun für zwei Fächer und Themen geeignete Präsentationsmittel zusammen. Du kannst die Stichworte auf der linken Seite als Anregung nutzen. Es gibt (je nach Fach) natürlich noch viele andere Möglichkeiten.
In der rechten Spalte kannst du dein eigenes Thema (und Fach) eintragen.

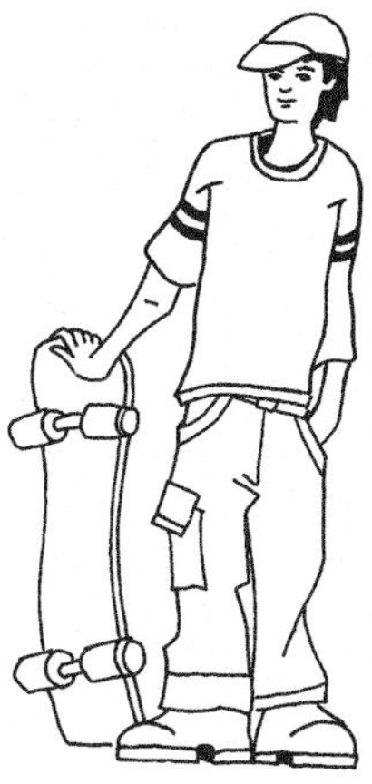

	Chemie *„Säuren und Basen“*	**Englisch** *“Simple past”*	**Fach:** ____________ Thema: ____________
Präsentationsformen	....	Interview	....
Darstellungsformen	....	....	....
Medien/ Hilfsmittel	Lernplakat Tafel	....	....
technische Geräte	....	....	....

Wenn du Inhalte übersichtlich und strukturiert darstellen möchtest, bietet sich das Mind-Map an. Das Wort leitet sich ab von *mind* = Geist, Gedächtnis und *map* = Landkarte; ein Mind-Map ist eine Art „Landkarte der Gedanken".

Durch die Verbindung von Wörtern und Bildern in einer sinnvollen Ordnung kannst du dir Inhalte besonders leicht merken.

Bei einem Mind-Map schreibst du zunächst den **zentralen Begriff** in die Blattmitte (z. B. *Skelett*). Für jeden wichtigen Bereich oder Gedanken legst du einen Hauptast an, auf den du die **Oberbegriffe** in Druckbuchstaben schreibst (z. B. *Armknochen*). Die Hauptäste verzweigen sich weiter zu Nebenästen. Dort notierst du zu jedem Oberbegriff die passenden **Unterbegriffe** (z. B *Oberarmknochen, Unterarmknochen*). Die Unteräste können sich auch noch weiter verzweigen (z. B. *Elle, Speiche*). Zusammenhänge und Querbezüge kannst du durch Pfeile sichtbar machen.

Tipp: Nutze **Bilder** und verschiedene **Farben** zur besseren Übersicht!

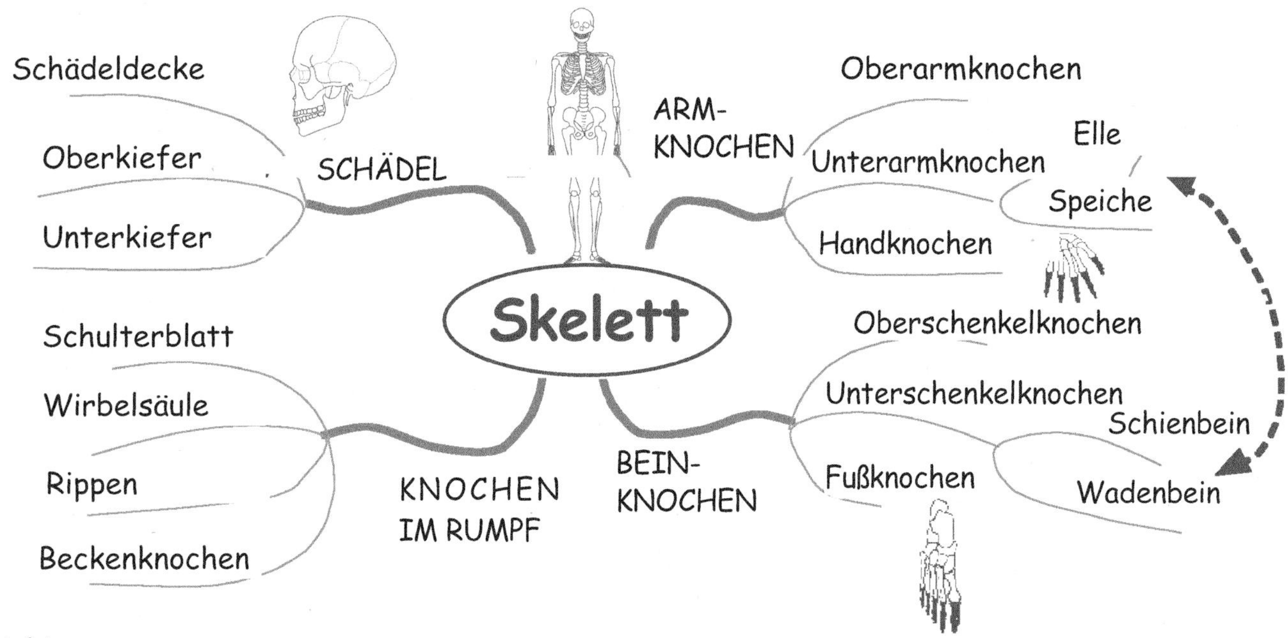

Tipps zur Gestaltung und zum Einsatz von Mind-Maps:

Gestaltungsmöglichkeiten

- Zeichne die Linien in verschiedenen Strichstärken (Hauptäste dicker als Nebenäste).
- Schreibe Oberbegriffe in Großbuchstaben.
- Nutze verschiedene Farben für Wörter oder Äste.
- Verwende unterschiedliche Schriftgrößen (Oberbegriffe größer).
- Bilder, Symbole oder Logos machen dein Mind-Map besonders interessant und einprägsam.

Einsatzmöglichkeiten

- Lückenhafte Mind-Maps können von den Mitschüler/innen ergänzt werden.
- Mind-Maps eignen sich gut zur Sammlung von Ideen.
- Zur Vorbereitung von Klassenarbeiten kannst du dein Wissen in einem Mind-Map sortieren.

Mind-Map am PC

Die Software FreeMind kannst du kostenlos downloaden, z. B. unter: http://freemind.softonic.de

Im Fach Englisch berichtest du deinen Mitschülerinnen und Mitschülern über typische Gegenstände in der Wohnung deiner Gastfamilie. Hierzu hast du eine Vokabelliste angefertigt. Um dich vernünftig vorbereiten zu können, nutzt du das Mind-Map. Hierbei illustrierst du einige Wörter auch mit passenden Bildern, die du dazu später in der Präsentation zeigen willst.

Sortiere die englischen Wörter in einem Mind-Map. Ordne sie nach Ober- und Unterbegriffen. Welche Bilder passen an welche Äste? Wo gibt es Querverbindungen zwischen den Verzweigungen?

children's room	*carpet*	*schoolbag*	*dining table*
mirror	*desk*	*bedroom*	*stove*
bookcase	*bedside table*	*sofa*	*wardrobe*
dustbin	*kitchen*	*TV set*	*living room*

bedside table

Lösung siehe Seite 54

Deine Mitschüler/innen können Inhalte und Zusammenhänge besser verstehen und behalten, wenn du sie möglichst **übersichtlich und anschaulich** präsentierst. Wenn in deiner Präsentation Zahlen, Daten oder bestimmte Abläufe eine wichtige Rolle spielen, sind Diagramme oder Schaubilder dafür besonders geeignet. In Diagrammen werden **Sachverhalte und Zusammenhänge bildlich dargestellt.**

Täglich begegnen uns viele unterschiedliche Formen von Diagrammen in der Zeitung, im Fernsehen oder in Schulbüchern. **Aber:** Vorsicht bei der Verwendung von „fertigen" Diagrammen! Sie können versteckte Aussagen enthalten, denn die Art der Darstellung kann die Aussage beeinflussen. Daher ist es wichtig, dass du Diagramme richtig „lesen" und verstehen kannst. Mit der richtigen Software lassen sich Diagramme aber auch sehr leicht selber herstellen. Grundlage ist meist eine Tabelle mit Zahlen oder Werten.

Wichtig ist, dass du dir vorher genau überlegst, welche **Diagrammart** geeignet ist, und dass du die passende **Beschriftung** und **Maßeinteilung** festlegst.

Hier siehst du die vier gebräuchlichsten Diagrammarten und wozu sie geeignet sind.

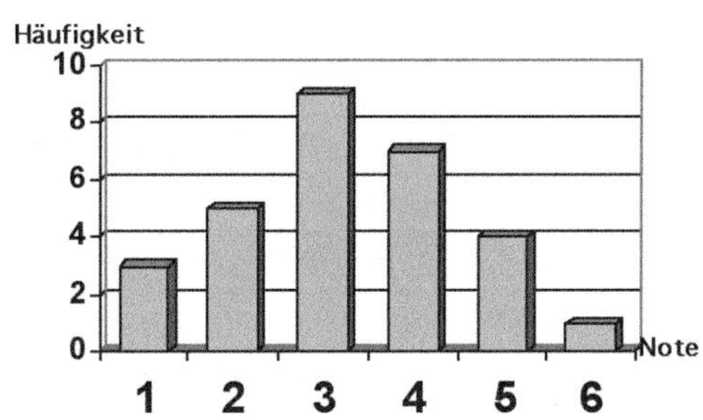

Säulendiagramm

- zur Darstellung von Häufigkeiten
- zum Vergleich von Daten

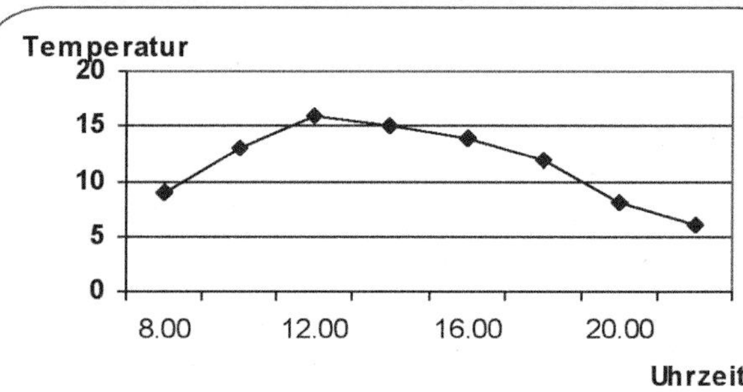

Kurvendiagramm

- zur Darstellung von Entwicklungsverläufen oder
- Wertepaaren in Formeln

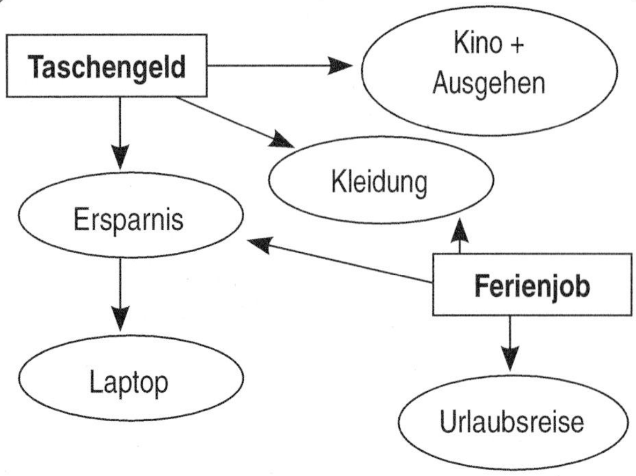

Organigramm

- macht den Aufbau und Zusammenhang eines Sachverhalts sichtbar
- auch für Prozesse oder Abläufe geeignet (z. B. als Flussdiagramm)

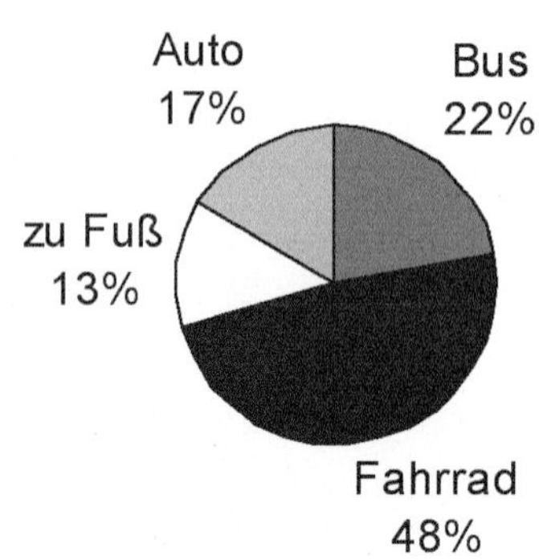

Kreisdiagramm

- stellt (Prozent-) Anteile vom Ganzen dar
- üblich bei Umfrage- oder Wahlergebnissen (Prozentanteile müssen in die entsprechende Gradzahl umgerechnet werden)

Welche Diagrammart ist jeweils besonders geeignet, um den Textinhalt deutlich zu machen? Skizziere, wie die Diagramme aussehen könnten.

Wasser

Als Säugling hat der Mensch einen hohen Wassergehalt von 80 %. Wird der Mensch älter, geht dieser Wert immer weiter zurück. So besteht der Körper eines Kindes zu ungefähr 70 % aus Wasser, der Erwachsene bringt es da noch auf ganze 65 %, während der alte Mensch nur noch auf 60 % Wassergehalt kommt. Daraus wird schnell deutlich, wie wichtig Wasser für unseren Organismus ist.

Diagrammart: ______________________

Skizze:

Erdnuss-Cookies

Den Backofen auf 190 °C vorheizen und Backblech einfetten. 100 g Butter, 100 g Erdnusscreme, 150 g Zucker, 1 Vanillezucker schaumig schlagen. Ein Ei verquirlen und unterrühren. 100 g Mehl und ½ TL Backpulver mischen. Die Mehl-Backpulver-Mischung unterkneten. 150 g ungesalzene Erdnüsse und 150 g Rosinen ebenfalls unterkneten. Kleine Portionen Teig auf das Backblech setzen und flach drücken. Die Cookies auf der mittleren Schiene ca. 12 Minuten backen. Fertig!

Diagrammart: ______________________

Skizze:

Isolierkanne

Damit Kaffee oder Tee gut schmckt, muss er heiß sein. Unser Test mit der **Isolierkanne A** ergab nach dem Einfüllen von kochendem Wasser (96 °C) folgendes Ergebnis: Nach drei Stunden war das Wasser noch etwa 85 °C, nach acht Stunden ca. 72 °C heiß. Der gleiche Versuch ergab bei **Kanne B:** 81 °C nach drei Stunden, 65 °C nach acht Stunden. Die beste Trinktemperatur für Heißes beträgt ca. 60 °C.

Diagrammart: ______________________

Skizze:

Lösungsmöglichkeiten siehe Seite 56/57

Während einer Präsentation wird fast immer eine **gut sichtbare, große Fläche für Notizen, Zeichnungen oder zum Anheften von Bildern** benötigt.
Zwei übliche Hilfsmittel in der Schule sind die Tafel und das Flipchart.
Beide Präsentationsflächen bieten dir unzählige Möglichkeiten der **Nutzung.** So kannst du z. B. während der Präsentation spontane **Notizen** machen (etwa als Fragespeicher) oder **Ergänzungen** durch die Zuhörer/innen festhalten.
Sowohl das Tafelbild als auch ein Flipchartbogen lassen sich ganz oder teilweise **vorbereiten.** Beide Medien sind gut mit anderen Präsentationsmedien **kombinierbar.** Oft ist die Tafelfläche sogar magnetisch, so dass Bilder oder Fotos problemlos aufgehängt werden können. Sind die Tafelflächen klappbar, kannst du Teile deiner Notizen schnell verdecken oder hinzufügen.

Diese Möglichkeiten bieten Tafel und Flipchart für deine Präsentation:

	Tafel	**Flipchart**
	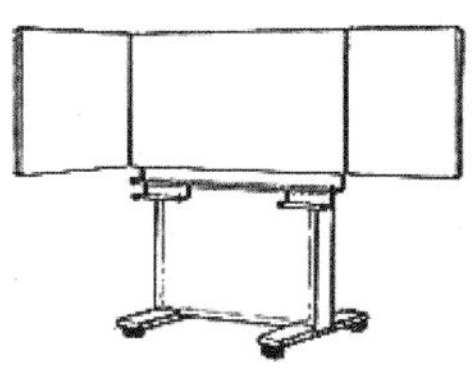	
Kennzeichen	• als Wand- oder Rolltafel • mit Kreide beschriftbar • groß und gut sichtbar • oft höhenverstellbar, dreh- oder klappbar • oft magnetisch	• stabile Haltevorrichtung für Papierbögen der Größe 70 x 100 cm • Beschriftung mit dicken Filzstiften • groß und gut sichtbar • spezielles Papier (kariert, blanko oder mit Tabellenvordruck) erhältlich
Vorteile	• Beschriftung kann vorbereitet werden. • Beschriftung kann während der Präsentation „mitwachsen". • Tafelbild kann leicht verändert werden (abwaschbar). • Beschriftung kann von Mitschülern ergänzt werden. • Farbige Kreide hebt Wichtiges hervor.	• leicht zu transportieren • Papierbögen können ganz oder teilweise zu Hause vorbereitet werden. • Beschriftung geht nicht verloren. • Beschriftete Bögen sind mehrfach einsetzbar. • Für mehrere Bögen geeignet, diese sind umklappbar. • Vor- und Zurückblättern ist möglich.
Einschränkungen	• Tafelbild kann nur zu Hause geplant, aber nicht fertiggestellt werden. Außerdem braucht es Zeit. • Beschriftung geht verloren (vor dem Abwischen fotografieren). • kein Blickkontakt zum Publikum während des Schreibens	• im Vergleich zur Tafel kleine Fläche • nur eingeschränkt geeignet zum zusätzlichen Aufhängen von Bildern • kein Blickkontakt zum Publikum während des Schreibens, falls die Blätter nicht bereits vorbereitet sind

Im Deutschunterricht habt ihr die verschiedenen Zeitformen wiederholt. Nun sollst du zusammen mit der Klasse Verben in den verschiedenen Zeitformen konjugieren. Dazu möchtest du die klappbare Tafel einsetzen.

Überlege dir, welche Tafelflächen du schon vorher beschriften willst. Welche Flächen sollen freibleiben für die Mitarbeit deiner Mitschüler/innen?
Hier kannst du schon mal üben und die Lücken richtig füllen.

geschlossene Tafel:

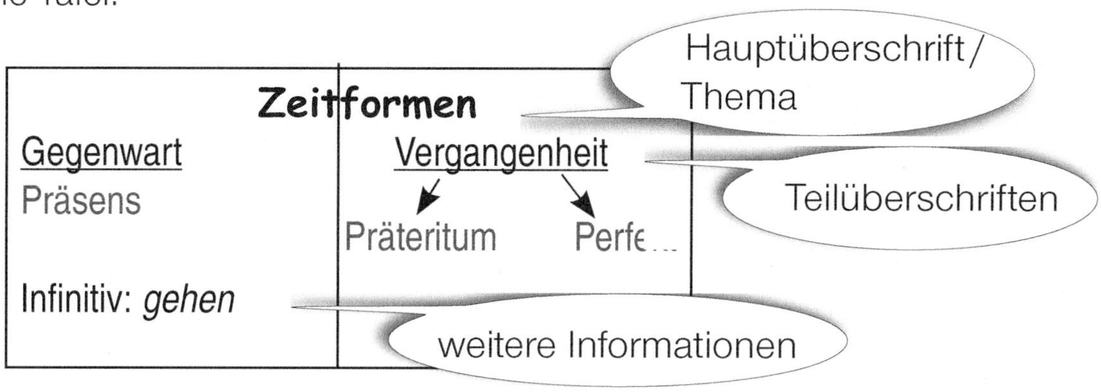

linke Seite geöffnet:

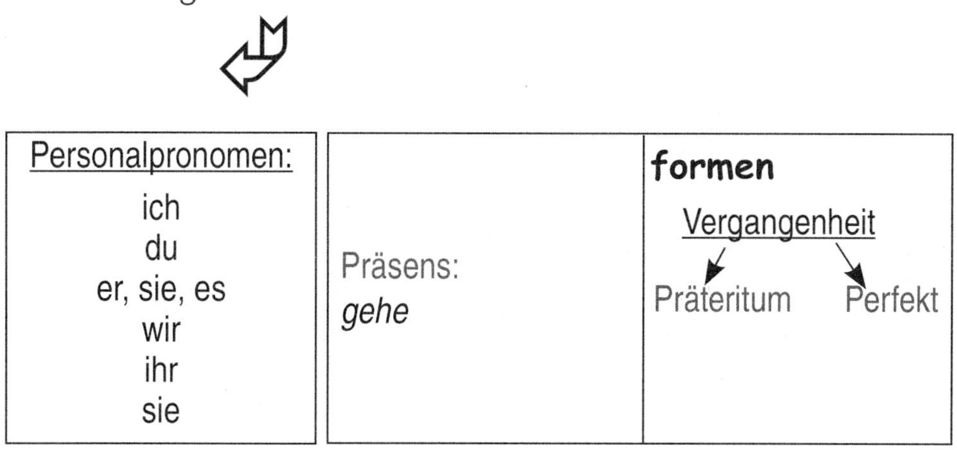

beide Seiten geöffnet:

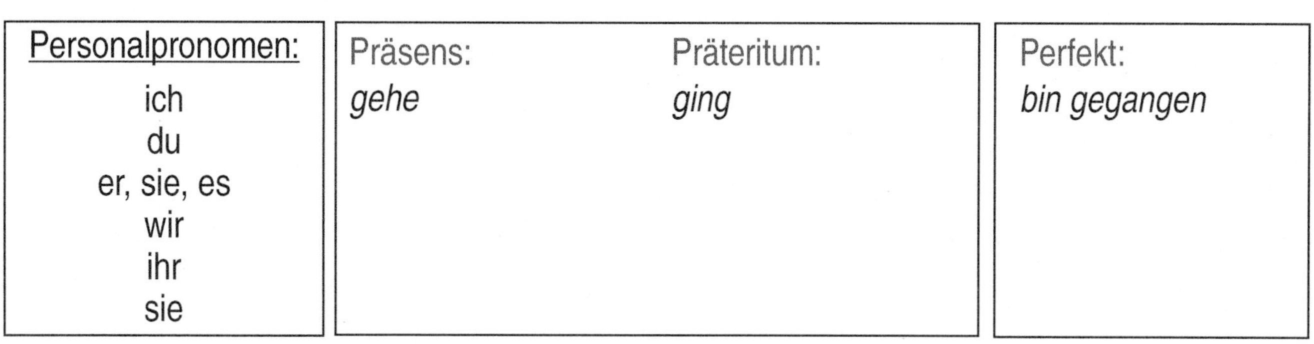

Ein Plakat wird häufig verwendet, um die Inhalte einer Präsentation optisch zu unterstützen. Es lässt sich einfach vorbereiten und ist ohne großen Aufwand im Klassenraum anzubringen.
Das Informationsplakat enthält wichtige Daten, Fakten oder Argumente zu einem Thema. Zusätzliche Skizzen, Diagramme oder Bilder machen den Text anschaulicher. Die Informationen werden in Kurzsätzen oder Stichpunkten so notiert, dass sie auch später noch verständlich sind.
Das Lernplakat ist eine Art Gebrauchsanweisung, um sich einen Lernstoff (Formel, Regel, Merksatz) leichter einzuprägen und besser zu behalten. Ein gutes Lernplakat umfasst die Merkregel (knapp formuliert und gut auswendig zu lernen) sowie ein oder zwei typische Beispiele, am besten eine konkrete Situation aus deinem Alltag. Besonders einprägsam wird der Lernstoff, wenn du dazu eine eigene Eselsbrücke erfindest oder etwas notierst, das du mit diesem Thema verbindest.
Plakate sollten über die Präsentation hinaus für eine längere Zeit im Klassenraum (oder zu Hause) hängen bleiben.

Die folgende Checkliste gilt für alle Darstellungen auf Plakat, Flipchart oder Wandzeitung. Du kannst sie zur eigenen Vorbereitung benutzen (zum Abhaken), aber auch als Feedback für dein Publikum. Die Mitschüler tragen dann ihre Bewertung als Smiley oder Punkte ein.

Checkliste: Plakat

☑ Übersicht

- ☐ Text in Blöcken
- ☐ nur Stichpunkte oder Kurzsätze
- ☐ Zeichen, Symbole oder Icons vorh.
- ☐ maximal 5 Farben
- ☐ Skizzen, Diagramme oder Bilder vorhanden

☑ Schrift

- ☐ Druckbuchstaben gut lesbar
- ☐ Buchstabenhöhe 2,5 cm oder mehr
- ☐ Überschriften hervorgehoben
- ☐ gleiche Schriftart
- ☐ bekannte Abkürzungen verwendet

☑ Originalität

- ☐ einfallsreiche Formen
- ☐ besondere Sorgfalt
- ☐ einprägsame Schlagwörter
- ☐ Inhalt schnell erfassbar
- ☐ Freiräume für eigene Gedanken

☑ Inhalt

- ☐ Formulierungen verständlich
- ☐ Informationen richtig
- ☐ aktuelle, wesentliche Fakten
- ☐ Informationen vollständig
- ☐ passende Fachbegriffe

Für die nächste Mathestunde sollst du ein Lernplakat zur Division von Brüchen gestalten.

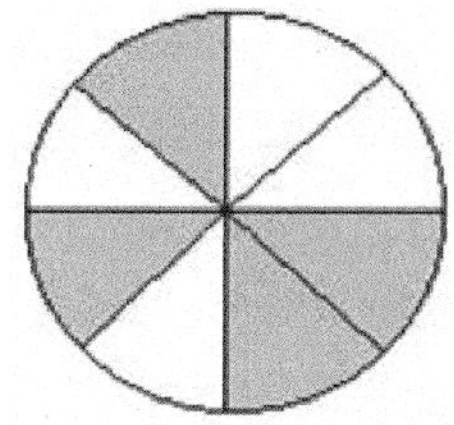

Wie könnte das Lernplakat aussehen? Welche Zeichen oder Bilder verwendest du? Trage deine Ideen hier ein:

Brüche dividieren

das Thema: ↵

Das ist die Aufgabe: ↳

Von einer Tafel Schokolade fehlt ein Fünftel. Den Rest teilen sich 3 Freunde gleichmäßig.

$\frac{4}{5} : 3 =$

Diese Zeichnung verdeutlicht das Problem: ↵

Lösung der Aufgabe: ↳

weitere Beispiele: ↳

Merkregel zum Auswendiglernen: ↳

Das verbinde ich mit dem Lernstoff; das ist meine „Eselsbrücke“. ↵

Lösung siehe Seite 58

Wenn du bei deiner Präsentation **Text mit Spezialeffekten, Fotos, Grafiken oder Sound abwechslungsreich kombinieren** willst, dann kann eine PowerPoint-Präsentation am Computer die richtige Wahl sein.
PowerPoint ist ein Programm aus dem Officepaket von Microsoft. Du gestaltest mehrere einzelne **Folien,** die später per Mausklick nacheinander auf dem Bildschirm erscheinen. Das Programm bietet dir zur Gestaltung der Folien und zur Strukturierung der Inhalte verschiedene **Vorlagen** an. Animationseffekte sorgen dafür, dass Texte oder Bilder während der Präsentation gezielt eingeblendet werden.
An technischen Voraussetzungen brauchst du einen **PC** und für die Vorführung zusätzlich einen **Beamer.** Du solltest Spaß an der Arbeit am Computer haben und über Grundkenntnisse in der Textverarbeitung verfügen. Die PowerPoint-Folien kannst du auch als Overhead-Folien ausdrucken, zur Sicherheit bei technischen Pannen oder als Handout für deine Mitschüler/innen.

Diese Tipps helfen dir beim Einsatz von PowerPoint.

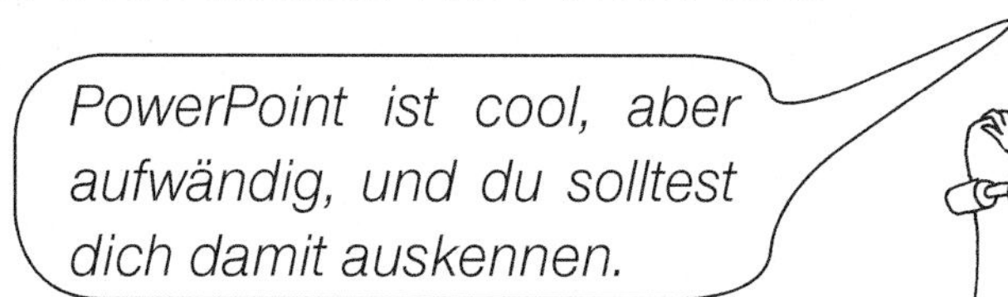

PowerPoint ja – aber Vorsicht!

- Anfänger sollten sich zur Sicherheit jemanden suchen, der sich mit PowerPoint auskennt.
- Überzeuge dich, dass alle Geräte zur Verfügung stehen und dass alles funktioniert.
- Lege regelmäßig eine Sicherheitskopie an, für den Fall, dass deine Daten verloren gehen.
- Überprüfe deine Präsentation und die gewählten Effekte am Bildschirm.
- Teste deine CD mit der gespeicherten Präsentation frühzeitig am Computer in der Schule.
- Überfordere die Zuhörer/innen nicht mit zu viel Text oder zu vielen Effekten.
- Verzichte während der Präsentation niemals auf eigene mündliche Kommentare oder Erklärungen.
- Überlege dir vorher, was du tust, wenn Pannen auftreten.

PowerPoint – die Folien

- Für die Gestaltung der PowerPoint-Folien gelten ähnliche Tipps wie für Overhead-Folien.
- Die Folien müssen logisch aufgebaut sein und den Aufbau des Vortrags widerspiegeln.
- Jede Folie hat einen gemeinsamen Titel und einen eigenen Untertitel.
- Verwende für jedes Unterthema eine eigene Folie.
- Gliedere den Text in Blöcke, beschränke dich auf Stichpunkte oder Kurzsätze.
- Verwende nicht mehr als 6–8 Wörter pro Zeile, nicht mehr als 6–8 Zeilen pro Folie.
- Die Schriftgröße sollte mindestens 16 pt betragen.
- Für Farben und Bilder gilt: Maximal drei Farben und nicht mehr als 1–2 Bilder je Folie.

Für den Deutschunterricht möchtest du eine PowerPoint-Präsentation zum Thema „Unsere Tageszeitung“ vorbereiten. Du hast schon die Unterthemen zusammengestellt, zu denen du etwas sagen möchtest (zu den Rubriken Politik, Wirtschaft, Sport, Lokales und zu den Textgattungen Nachricht, Bericht und Kommentar).

Such dir nun ein Unterthema aus und erstelle dazu eine PowerPoint-Folie. Beachte dabei die Tipps zur Foliengestaltung auf der linken Seite.

Wenn du bei deiner Präsentation schriftliche Notizen für alle sichtbar machen möchtest, dann eignen sich (neben Tafel, Flipchart oder Plakat) auch die Moderationskarten. Das sind größere feste Karten, auf die du jeweils gut lesbar einzelne Stichpunkte deines Vortrags notiert hast. Während der Präsentation werden die Karten nach und nach passend zum Gesagten aufgehängt. So „wächst“ die Dokumentation mit deiner Rede.

Deine Zuhörer/innen lesen parallel zu deinen Worten die wichtigsten Stichpunkte mit, sie können dir besser folgen und sich auf einzelne Informationen konzentrieren.

Ebenso wie ein Plakat oder ein Flipchart lassen sich die Karten zu Hause vorbereiten. Sie sind bei der Anbringung nicht an eine bestimmte Reihenfolge gebunden, sondern flexibel einsetzbar. Bereits angeklebte Karten kannst du leicht wieder lösen und an eine andere Stelle heften. Die Karten dienen dir gleichzeitig auch als Spickzettel für deinen Vortrag. Wenn du verschiedene Kartenformen (z. B. für Überschriften) einsetzt und mit unterschiedlichen Farben arbeitest, wird außerdem die Struktur deines Vortrags deutlicher.

Hier erfährst du einiges zur Aufhängung, zur Vorgehensweise und zu den benötigten Materialien.

Vorgehensweise

- Überlege dir Form und Größe der Karten. Normgrößen aus A4: →

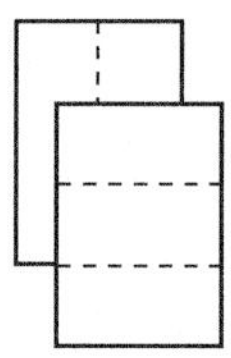

- Schneide sie aus Fotokarton (160 g Papier) zu oder kaufe fertige Karten.
- Beschrifte in Druckbuchstaben mit einer Buchstabenhöhe von 3–5 cm.
- Halte Ober- und Unterlänge der Buchstaben kurz.

  Bsp. Oberlänge / Unterlänge

- Schreibe maximal drei Zeilen pro Karte.
- Benutze für Überschriften einen dickeren Stift oder andere Farben.
- Verwende für die gesamte Präsentation nicht mehr als 25–30 Karten.
- Für die Anbringung eignen sich Stellwände, Tafel- oder Wandflächen.

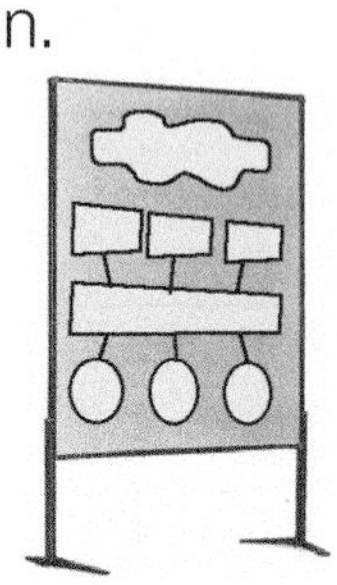

Aufhängung

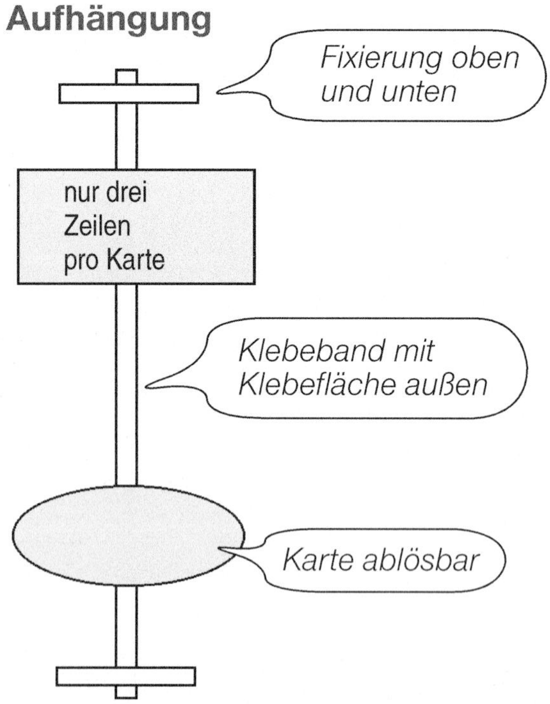

Materialien

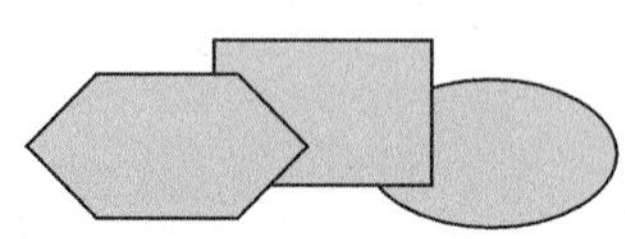

Moderationskarten
Schere
Klebeband
Marker, Filzstifte
Nadeln (für Pinnwände)

Im Fach Musik werden berühmte Musicals besprochen. Du möchtest das Musical „Starlight Express“ präsentieren und hast dich ausführlich über die Geschichte, die Akteure, die Musik, die Bühne und die Requisiten informiert. Die wichtigsten Stichpunkte notierst du auf Moderationskarten, die du dann während der Präsentation an die Tafel heften willst.

(Quelle: www.musical-starlight-express.de)

Wie würdest du die einzelnen Karten beschriften? Lies den Zeitungsartikel S. 60 und ergänze deine Vorschläge.

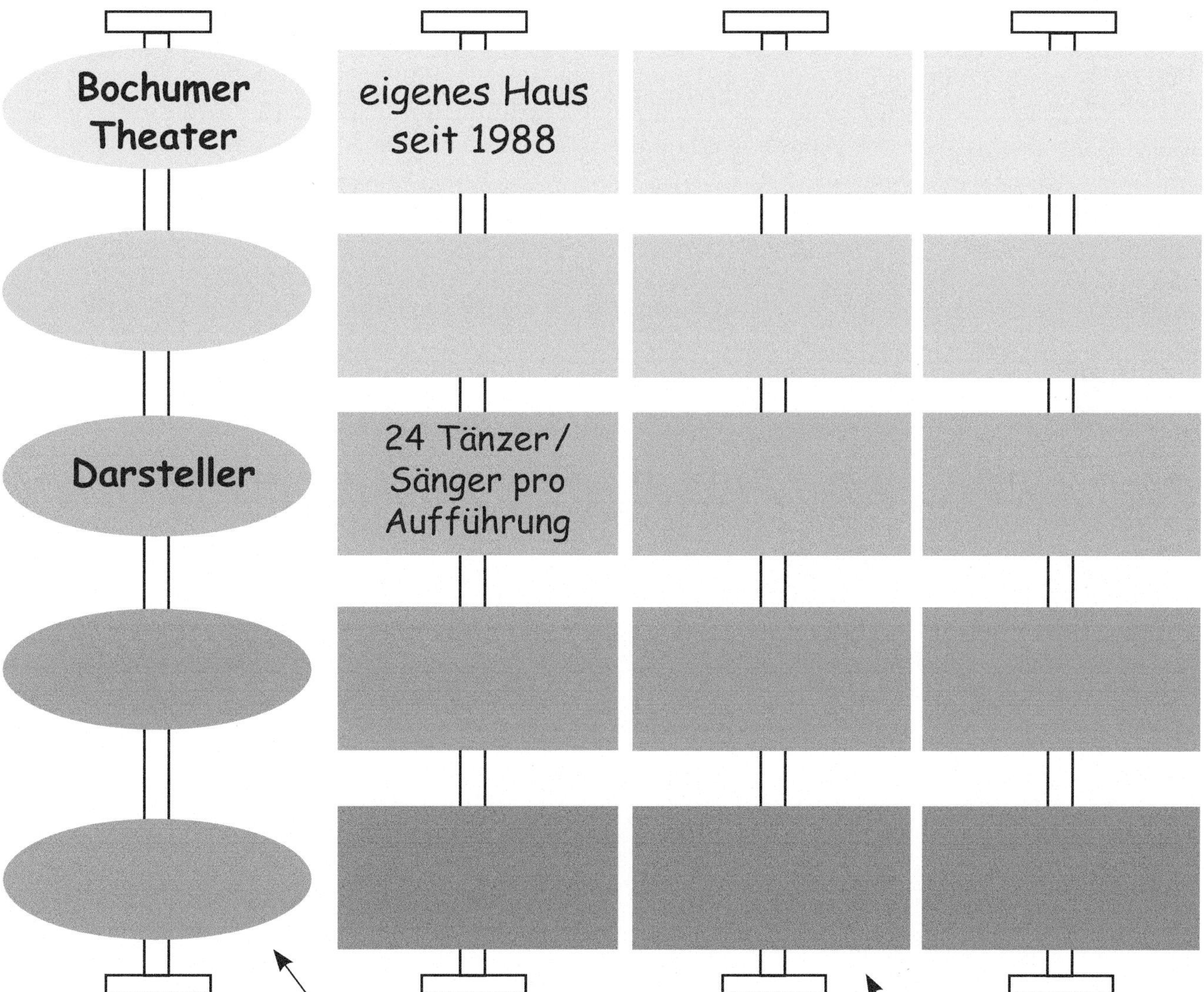

ovale Karten mit Teilüberschriften (in verschiedenen Farben)

eckige Karten mit jeweils einer interessanten Information

Lösung siehe S. 59

Komplizierte Sachverhalte lassen sich an einem Modell häufig sehr einfach erklären. In einem Demonstrationsmodell werden **komplexe Zusammenhänge vereinfacht** dargestellt, meist auch vergrößert oder verkleinert. So kannst du „Unsichtbares" sichtbar machen und unvorstellbare Ausmaße veranschaulichen.

Ein solches Modell ist ein dreidimensionaler „Nachbau" aus einfachen Materialien, bei dem die wichtigsten Eigenschaften des „Originals" deutlich werden. Geeignete Materialien sind vor allem Holz, Papier oder Pappe und alle möglichen Alltagsgegenstände, die meist ohne Aufwand oder große Kosten zu besorgen sind (Strohhalme, Heftzwecken, Pfeifenreiniger, Gummibänder, Korken, Drähte, Stoff usw.). Häufig gibt es auch fertige Modelle in den naturwissenschaftlichen Sammlungen der Schule.

Die Herstellung eines Modells macht Spaß und regt deine Fantasie und deinen Forscherdrang an. Der eigene „Nachbau" garantiert dir ein besseres Verständnis der Zusammenhänge und erleichtert dir das Erklären vor einem Publikum. Modelle sprechen verschiedene Sinne deiner Mitschüler/innen an und bieten häufig auch dem Publikum die Gelegenheit, etwas selber auszuprobieren. An einem Modell gewonnene Erkenntnisse bleiben daher besonders gut „hängen".

Der Tischtennisball schwebt in der Luft. Versuche es selbst. Du brauchst nur einen Knickstrohhalm.

So unterschiedlich können Modelle aussehen:

- chemische Verbindungen (z. B. Vielfachzucker) **reduzieren** → aneinandergeheftete Büroklammern
- DNS-Modell (Doppelhelix) **vereinfacht darstellen** → eine Strickleiter
- Funktion eines Kugelgelenks (z. B. Schulter) **erklären** → Faust und umschließende Hand
- Muskelkontraktion der Speiseröhre **demonstrieren** → Seidenstrumpf und Tennisball

Modell

- menschliche Zelle **vergrößern** → aus Papier nachbauen
- Planetensystem **verkleinern** → aus unterschiedlichen Bällen zusammenstellen
- Darmlänge einer Kuh (57 Meter) **anschaulich machen** → eine gleich lange Kordel

Überlege dir zu den verschiedenen Möglichkeiten, die ein Modell bieten kann, eigene Beispiele aus unterschiedlichen Fächern.

Möglichkeit	Beispiel	Fach
das Originalobjekt verkleinern		
das Originalobjekt vergrößern		
„Unsichtbares" sichtbar machen		
unvorstellbare Ausmaße veranschaulichen		
Funktionsweise darstellen		

Wähle nun ein Beispiel aus und fertige eine Skizze zu deinem Modell an. Trage die Materialien und Alltagsgegenstände ein, die du brauchst.

Skizze	Materialliste

Eine Präsentation ohne eigenen Redeanteil ist undenkbar. Auch beim Einsatz von Medien mit Bild und Ton sind mündliche Erklärungen notwendig. Aber ganz gleich, ob du länger oder kürzer sprechen willst – in jedem Fall solltest du dir vorher genau überlegen, was du sagen willst, um unklare Formulierungen, Wiederholungen oder andere Fehler zu vermeiden. Viele Tipps zur *Körpersprache,* zur *Zielsetzung,* zur *Gliederung* des Inhalts oder den Erwartungen des *Publikums* haben wir in den entsprechenden Kapiteln schon gegeben. Hier soll es nur um die Sprache gehen, denn:
Das Wichtigste für einen lebendigen und wirkungsvollen Vortrag ist die Sprache. Du musst eine Sprache finden, mit der du das **Thema** gut darstellen kannst und die gleichzeitig deine **Mitschüler/innen** verstehen. Der größte Fehler, den du machen kannst, wäre es, einen Text in Schriftsprache, dazu noch voller Fachwörter, einfach abzulesen. Viel besser erreichst du dein Publikum, wenn du **kompetent und natürlich** sprichst. Das schaffst du, wenn du dich sicher fühlst, weil du dich in deinem Thema wirklich auskennst und weil du den Vortrag gut vorbereitet und geübt hast.

Mit diesen Tipps kannst du deine Rede überzeugend halten.

Satzbau

- Schreibe den gesamten Text vorher mit eigenen Worten auf.
- Vermeide lange, verschachtelte Sätze.
- Überlege dir passende Satzverbindungen. *(denn, weil, aber, falls, obwohl, daraus folgt, einerseits/andererseits ...)*

Inhalt

- Verwende nur Fachbegriffe, die du verstanden hast und erklären kannst.
- Verwende bildhafte Vergleiche.
- Scheinfragen an dein Publikum regen zum Mitdenken an. *(Wer von euch hätte gedacht, dass ... ?)*
- Kurze Zitate unterstützen deine Meinung.

Struktur

- Weise auf Wichtiges gezielt hin. *(Jetzt aufgepasst ...)*
- Teile eine Zusammenfassung oder Schlussfolgerung mit. *(Zusammengefasst heißt das ...)*
- Einleitung, Hauptteil und Schluss müssen für das Publikum unbedingt erkennbar sein.
- Wenn du etwas vergessen hast, lass es weg.

Spickzettel

- Schreibe wichtige Stichpunkte groß auf einzelne, nummerierte Karten. (max. 20 Stück/pro Sinnabschnitt eine Karte)
- Nutze diese Spickzettel und formuliere dann frei. Schau ins Publikum, nicht auf die Spickzettel.

Aussprache

- Lass dir die Aussprache der Fremdwörter von Fachleuten vorlesen. Übe die Aussprache schwieriger Wörter zu Hause.
- Atme zwischendurch ruhig und tief ein.
- Sprich jeden Satz betont und klar.
- Vermeide Kraftausdrücke und Modewörter wie „echt cool“.

Ob dein Vortrag verständlich ist und gut ankommt, kannst du am besten mit einem Probepublikum herausfinden. Dazu eignen sich Eltern, Geschwister oder Freunde. Wenn sie dazu noch eine Checkliste ausfüllen, bekommst du gleich konkrete Tipps, was dir schon gut gelingt und was du noch üben solltest.
Bitte sie auch um eine ehrliche Schlussbewertung.

Gib diese Checkliste deinem Probepublikum und erkläre sie kurz bei Bedarf. Halte deinen Vortrag und bitte die Probezuhörer/innen, die Punkte abzuhaken.

❏ Satzbau

❏ eigene Worte benutzt

❏ Sätze verständlich

❏ passende Satzverbindungen

❏ Inhalt

❏ Fachbegriffe erklärt

❏ bildhafte Vergleiche

❏ Scheinfragen gestellt

❏ Struktur

❏ Wichtiges herausgestellt

❏ Einleitung, Hauptteil und Schluss gut erkennbar

❏ guter Schluss

❏ Spickzettel

❏ nur als Gedankenstütze verwendet, nicht abgelesen

❏ beim Sprechen ins Publikum geschaut

❏ mehrere kleine Spickzettel statt ein zu großes Blatt

❏ Aussprache

❏ betont und klar gesprochen

❏ kurze Pausen gemacht

❏ Fremdwörter richtig ausgesprochen

❏ Sonstiges

❏ ____________________

❏ ____________________

❏ ____________________

Dein Vortrag war:

❏ spitze

❏ ganz gut

❏ nicht so toll

____

Bei einer inhaltlich umfangreichen Präsentation ist es für deine Mitschüler/innen oft hilfreich, wenn du ein Handout vorbereitet hast.
Das Handout gibt einen kurzen, prägnanten Überblick über dein Thema. Es sollte etwa eine, höchstens zwei Seiten umfassen.
Je nach Thema und Verlauf deiner Präsentation kannst du das Handout bereits vorher verteilen. Dies ist dann sinnvoll, wenn das Handout das Zuhören erleichtert, deinen Vortrag verständlicher macht und nicht zu sehr ablenkt. Die Mitschüler/innen können dann deine Gedankengänge und wichtige Inhalte besser verfolgen und eigene kurze Notizen einfügen.
Ein gelungenes Handout enthält nur kurze Sätze oder stichpunktartige Aufzählungen. Der Text wird in Blöcke oder Absätze gegliedert, auch Nummerierungen erleichtern die Übersicht. Überlege im Einzelnen, wo ein Bild oder eine Skizze einen Text ersetzen kann.
Den eigentlichen Wert deines Handouts erkennen die Mitschüler/innen spätestens dann, wenn sie die Inhalte deiner Präsentation nachvollziehen und wiederholen wollen (z. B. vor einer Klassenarbeit).

Hier siehst du, welche Informationen in einem Handout vorkommen müssen.

1. Kopfzeile
- Name, Fach, Thema, Datum

2. Hauptteil

Gliederung
- Auflistung der Abschnitte
- wie ein kurzes Inhaltsverzeichnis

Inhalt
- zentrale Thesen oder Fragen
- wesentliche Daten, Fakten, Informationen oder Erklärungen
- wichtige Zitate, Argumente oder Beispiele
- Ergebnisse und Lösungen

3. Schluss
- Quellen / Literaturhinweise
- Internetadressen
- Raum für Notizen

Erstelle ein Handout zu einem Thema deiner Wahl. Du kannst dafür auch den Artikel zum Musical „Starlight Express“ auf Seite 60 nutzen.

Name:
Fach:
Thema:

Datum

Gliederung

1.

Platz für ein Bild, eine Skizze oder ein Zitat

Inhalt

zu 1:

Platz für Symbole

!, ?, ϟ, ⓘ ...

Literatur/ Quellen

Platz für Notizen

In einer Spielszene verwandelst du dich in eine andere Person. In der Regel sind für eine Szene mehrere Mitspieler/innen erforderlich. Bist du allein, kannst du auch in wechselnde Rollen schlüpfen (das erfordert aber ein hohes Maß an Verwandlungskunst) oder dir Mitspieler/innen suchen.
Eine Spielszene eignet sich als Präsentationsform, wenn z. B. verschiedene Standpunkte oder Charaktere vorgestellt werden sollen (etwa Romanfiguren). Ihr könnt ein Gespräch oder eine kleine Szene (z. B. einen Konflikt) nachspielen, um unterschiedliche Verhaltensweisen zu demonstrieren. Es ist aber auch möglich, Lebewesen (z. B. ein Bakterium) oder Gegenstände darzustellen.
Spielszenen bieten gute Möglichkeiten, komplizierte Zusammenhänge verständlich zu machen, und machen den Teilnehmern viel Spaß.
Ihr könnt die Szene vorher einstudieren und alle Rollen selbst besetzen oder während der Präsentation Mitschüler/innen einbeziehen. In jedem Fall müssen alle Spieler/innen Regeln beachten, damit das Spiel nicht außer Kontrolle gerät.

Mit diesen Tipps klappt's!

Rollen

- konkrete Spielsituation festlegen
- charakteristisches Aussehen, Sprechweise und typische Gesten jeder Figur einüben
- Handlungsspielraum der einzelnen Rollen eingrenzen

Requisiten

- passende Kleidungsstücke oder Gegenstände mitbringen
- Spielumgebung (Bühne) festlegen
- Licht oder Mikro nach Bedarf einsetzen (vorher proben!)

Spielregeln

- Zuschauer/innen kurz in die Spielsituation einführen
- Spielregeln für spontane Mitspieler/innen auf Flipchart festhalten
- beim Verlassen der Bühne aus der gespielten Rolle wieder in die eigene Person zurückkehren (= Rollenwechsel)

Drehbuch

- genauen Ablauf festhalten: Wer soll wann was sagen und sich wie verhalten?
- Dialogtexte in richtiger Reihenfolge aufschreiben
- Regieanweisungen für Stimmlage *(... schreit ...)* oder Bewegungen *(... geht zur Seite ...)* hinzufügen

Durchführung

- Eine Souffleuse sagt vor, wenn jemand den Text vergessen hat.
- im Eifer des Spiels die eingeübte Rolle nicht überziehen
- bei spontanen Abweichungen flexibel reagieren und weiterspielen

Auswertung

- überprüfen, ob das Publikum die Botschaft des Spiels verstanden hat
- über das eigene Erleben der Rolle sprechen

Suche dir aus der Tabelle eine Szene aus und notiere unten deine Ideen dazu. Du kannst dir auch ein eigenes Thema überlegen.

Fach	**Szene**	**Thema**
Geschichte	„Der Pharao besichtigt seine Pyramide“	• Sicherheitsvorkehrungen vor Grabräubern
Politik	„Debatte im Stadtrat über die Schließung der Musikschule“	• Pro- und Contra-Argumente zur Musikschule
Kunst	„Franz Marc diskutiert mit Freunden über sein Bild ‚Das blaue Pferd‘“	• Farben im Expressionismus
Biologie	„Ein Grippevirus infiziert den Körper und wird vom Immunsystem abgewehrt“	• Phasen einer Grippeerkrankung
eigene Idee:		•

Rollen

Requisiten

Thema: ______________________

Szene: ______________________

Stichpunkte zum Handlungsablauf

Es gibt viele technische Geräte, die für deine Präsentation nützlich sein können. Mit der Digitalkamera oder dem Handy kannst du Fotos und kurze Filmsequenzen aufnehmen. Wenn du Texte und Bilder bearbeiten und kombinieren willst, eignen sich Folien und Overheadprojektor oder Laptop und Beamer. Damit sind schon sehr komplexe Präsentationen möglich: Kombinationen von Texten, Bildern, Tönen und Videosequenzen. Software-Programme (z. B. PowerPoint) unterstützen dich bei der Zusammenstellung. Musik oder Filmszenen kannst du aber auch über einen CD-Player bzw. ein DVD-Gerät einspielen. Vor großen Gruppen muss dein Vortrag evtl. über Mikrophone verstärkt werden.
Überlege in jedem Fall vorher, ob und in welchem Umfang der Einsatz technischer Geräte bei deiner Präsentation angemessen und nützlich ist. Die Technik darf nicht die Inhalte überlagern.

Die folgenden Tipps kannst du auch gut als **Checkliste** zum Abhaken für deine Vorbereitung nutzen. Dann kann kaum noch etwas schiefgehen! Hinweise zu den gebräuchlichsten Geräten findest du auf der nächsten Seite.

Vorbereitung

Ich habe ...

- ❒ nachgefragt, welche Geräte vorhanden sind.
- ❒ maximal 1–2 Geräte eingeplant.
- ❒ die Funktionstüchtigkeit überprüft.
- ❒ die Handhabung des Geräts geübt.
- ❒ mir die Aufstellung des Geräts überlegt (Sicht, Akustik, Stromanschluss).
- ❒ mir überlegt, was ich bei technischen Pannen tun kann (z. B. Folien oder Spickzettel vorbereitet).

Durchführung

Ich habe ...

- ❒ eine Person bestimmt, die rasch Ersatzteile besorgen kann (z. B. Lehrer organisiert Ersatzbirne für OHP).
- ❒ vorher Entspannungsübungen gemacht, um auch bei Pannen Ruhe zu bewahren.
- ❒ mich so gut vorbereitet, dass ich die Inhalte notfalls auch ohne technische Unterstützung vortragen kann.

Gerät	Vorteil/Nutzen	Voraussetzung/Vorbereitung
Digitalkamera 	• Man kann eigene Fotos für die Präsentation aufnehmen. • Fotos können am Computer bearbeitet werden. • Man kann Fotos auf Folie drucken (OHP) oder über Laptop und Beamer zeigen.	• Zusatzgeräte zu Hause (z. B. PC und Drucker, um Fotos auf Folie zu drucken) • Zusatzgeräte während der Präsentation (z. B. OHP oder Laptop und Beamer)
Overheadprojektor 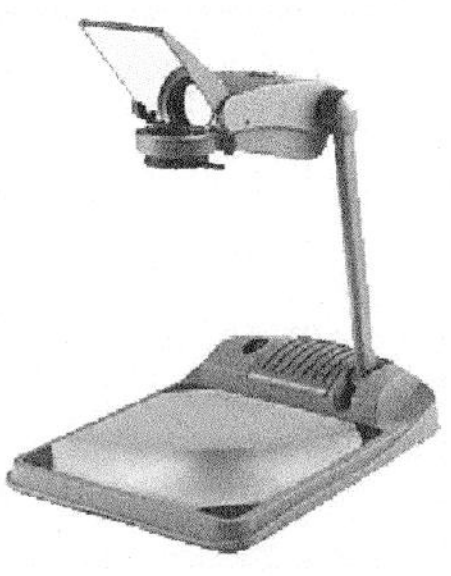	• OHP ist in jeder Schule vorhanden. • ist zum Vergrößern von Text oder Bildern geeignet. • Folien sind einfach herstellbar (selber beschriften oder am Computer gestalten und ausdrucken). • ist flexibel einsetzbar (Folien abdecken, übereinanderlegen etc.). • Folien können auch während der Präsentation beschriftet werden.	• Stromquelle • evtl. Verlängerungskabel • Projektionsfläche • Möglichkeit zur Verdunklung des Raumes • gute Sicht vorher testen
CD-Player 	• CD-Player ist in jeder Schule vorhanden (oder leicht selber mitzubringen). • Man kann Bilder oder Vortrag durch passende Musik oder Geräusche betonen. • Vorher aufgenommene Interviews können eingespielt werden.	• klären, ob Akkubetrieb möglich ist, wenn keine Stromquelle vorhanden ist • auf gute Akustik achten • CD vorher im Gerät testen
Fernseher und DVD-Player 	• Fernsehgeräte/DVD-Player sind meist in der Schule vorhanden. • Man kann Ausschnitte aus Filmen oder Reportagen zeigen. • Auch selber hergestellte Videos können abgespielt werden.	• vorher klären, ob Geräte und Fernbedienung vorhanden sind • DVD vorher im Gerät testen • Bedienung der Geräte üben • gute Sicht und gute Akustik vorher überprüfen
Laptop + Beamer  	• Laptop und Beamer sind flexibel einsetzbar (Kombination von Text, Bildern, Musik oder Filmausschnitten möglich). • für Präsentationssoftware geeignet (z. B. PowerPoint-Folien) • Bild- und Textmaterial kann zu Hause am Computer vorbereitet werden.	• vorher klären, ob Geräte und passende Verbindungen vorhanden sind • Mehrfachstecker • Projektionsfläche • Handhabung vorher üben • eigene CD vorher im Gerät testen

Ein Feedback vom Publikum solltest du bei deiner Präsentation unbedingt einplanen. Damit beziehst du das Publikum mit ein und erhältst eine Rückmeldung zum Inhalt *(Was ist angekommen?)* und zur Darstellung *(Wie war ich?)*. Je nach eingesetzter Feedbackmethode kannst du gezielt abfragen, wie informativ deine Präsentation war, welche Inhalte deine Mitschüler/innen behalten haben, wie abwechslungsreich sie die eingesetzten Medien fanden oder welche Tipps sie dir sonst noch geben würden.

Die Rückmeldung vom Publikum ist ein wichtiger Maßstab für den Erfolg deiner Präsentation.

Es gibt unterschiedliche Feedbackmethoden, bei denen deine Zuhörer/innen etwas notieren oder über deine Präsentation sprechen sollen. Bildliche Methoden machen anschaulich deutlich, wo die Stärken oder Schwächen deiner Präsentation lagen. Die Auswahl einer Feedbackmethode richtet sich auch danach, ob du nur den allgemeinen Gesamteindruck oder Einzelheiten wissen willst, wie viel Zeit zur Verfügung steht, ob das Feedback länger festgehalten werden oder nur eine schnelle mündliche Einschätzung sein soll. Durch die Fragen, die du stellst, kannst du das Feedback selbst steuern. Wenn du das Feedback schon vorher ankündigst, steigerst du die Aufmerksamkeit deiner Mitschüler/innen während der Präsentation.

Hier siehst du eine Auswahl an Möglichkeiten, die auf der nächsten Seite noch näher erläutert werden.

Feedback

Schriftlich

Brief an mich
Aufgabenzirkel
Denkzettel
Satzanfänge
stummes Schreibgespräch

Bildlich

Zielscheibe
Signalkarten
Triangel
Stimmungsbild
Checkliste

Mündlich

Blitzlicht
Bienenkorb
Tuschel-Tuschel
Quiz
Puzzle

Brief an mich

Alle Mitschüler/innen schreiben einen Brief an sich selbst. Sie beschreiben, was sie gelernt haben. Die Briefe werden untereinander ausgetauscht. Sie können auch vorgelesen werden.

Blitzlicht

Die Mitschüler/innen äußern sich in einem Satz zur Präsentation, z. B. reihum im Uhrzeigersinn. Sie sagen, was ihnen gefallen hat oder auch nicht.

Aufgabenzirkel

Jede Tischgruppe erhält eine andere Aufgabe. Die Gruppe löst die Aufgabe und reicht diese dann (ohne Lösung) an die Nachbargruppe weiter. Abschließend werden einige Lösungen vorgestellt und kommentiert.

Bienenkorb

Die Mitschüler/innen reden in Kleingruppen über die Präsentation. Sie können so das Gehörte direkt verarbeiten. Fragen zur Präsentation erledigen sich dadurch oft von selbst oder sie werden deutlicher.

Denkzettel

Die Mitschüler/innen verfassen einen Denkzettel für die Redner oder für sich selber: „Daran sollst du / sollt ihr / müssen wir in Zukunft denken." Der Denkzettel ist ein Speicher für Ideen, Absichten und Pläne.

Tuschel-Tuschel

Jeweils zwei Mitschüler/innen tauschen sich leise über eine Frage aus, z. B. wie ihnen das Plakat gefallen hat oder was sie vom Vortrag behalten haben. Sie können dies vorher auch in Sprechblasen aufschreiben.

stummes Schreibgespräch

Mehrere große Plakate mit je einem Satzanfang werden auf Tischen ausgelegt oder aufgehängt. Die Mitschüler/innen gehen reihum und ergänzen die Sätze schriftlich. Reden ist nicht erlaubt, leise Musik schafft eine angenehme Atmosphäre.

Stimmungsbild

Verteile ein Bild, z. B. eine Landschaft mit Bergen, Wiese, Brücke, Tunnel, Haus, See, Heißluftballon. Die Mitschüler/innen sollen sich in die Landschaft hineinmalen, je nachdem, wie sie deine Präsentation einschätzen. *(„Ich bin im Tunnel und sehe nun Licht.")*

Signalkarten

Jeder erhält drei farbige Karten. Auf eine Frage hin halten die Mitschüler/innen die entsprechende Karte hoch:
grün = ja, super; gelb = geht so; rot = nein, war nichts.

Puzzle

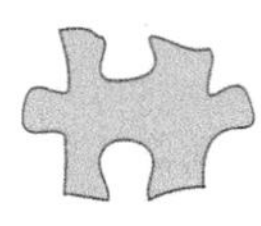

Puzzles sind geeignet, um Zuordnungsaufgaben zu lösen. Die Mitschüler/innen erhalten vorbereitete Textkärtchen und müssen diese inhaltlich passend zusammenfügen.

Triangel

Jede/r Mitschüler/in soll drei Aspekte beurteilen. Dazu teilt er eine Kreisscheibe in 3 Segmente ein. Die Größe der Segmente spiegelt seine persönliche Einschätzung wider.

Quiz

Zu vorgegebenen Fragen müssen die Mitschüler/innen aus mehreren möglichen Antworten die richtige aussuchen. Einzelne Personen/Gruppen können gegeneinander spielen.

Die Zielscheibe eignet sich gut für das Feedback einer größeren Gruppe. Sie gibt dir eine gezielte Rückmeldung zu 3–5 vorgegebenen Aspekten deiner Präsentation. Dies können inhaltliche oder methodische Punkte sein.
Zum Inhalt kannst du z. B. fragen, ob dein Vortrag *informativ, richtig, interessant, aktuell* oder *überzeugend* war. Der Medieneinsatz lässt sich danach bewerten, ob er *angemessen, abwechslungsreich* oder *verständlich* war. Du kannst auch andere Aspekte bewerten lassen, z. B. die Struktur deines Vortrags *(übersichtlich, logisch),* die Auswahl der Beispiele *(anschaulich, passend)* oder deine Sprache *(frei formuliert, richtige Fachbegriffe, gut betont).*
Auch die Anzahl der Bewertungsstufen kannst du über die Anzahl der Ringe frei wählen. Jede/r Mitschüler/in erhält eine bestimmte Anzahl an Klebepunkten und klebt diese auf den entsprechenden Bewertungsring der Zielscheibe. Je weiter innen die Punkte kleben, desto besser wird dieser Aspekt vom Publikum bewertet.
Die Zielscheibe macht die Stärken oder Schwächen einer Präsentation schnell und übersichtlich deutlich.

Dies ist ein Beispiel für eine Zielscheibe mit vier Bewertungssektoren und drei Bewertungsringen. Es sind auch andere Aufteilungen möglich (z. B. drei Sektoren und fünf Bewertungsringe).

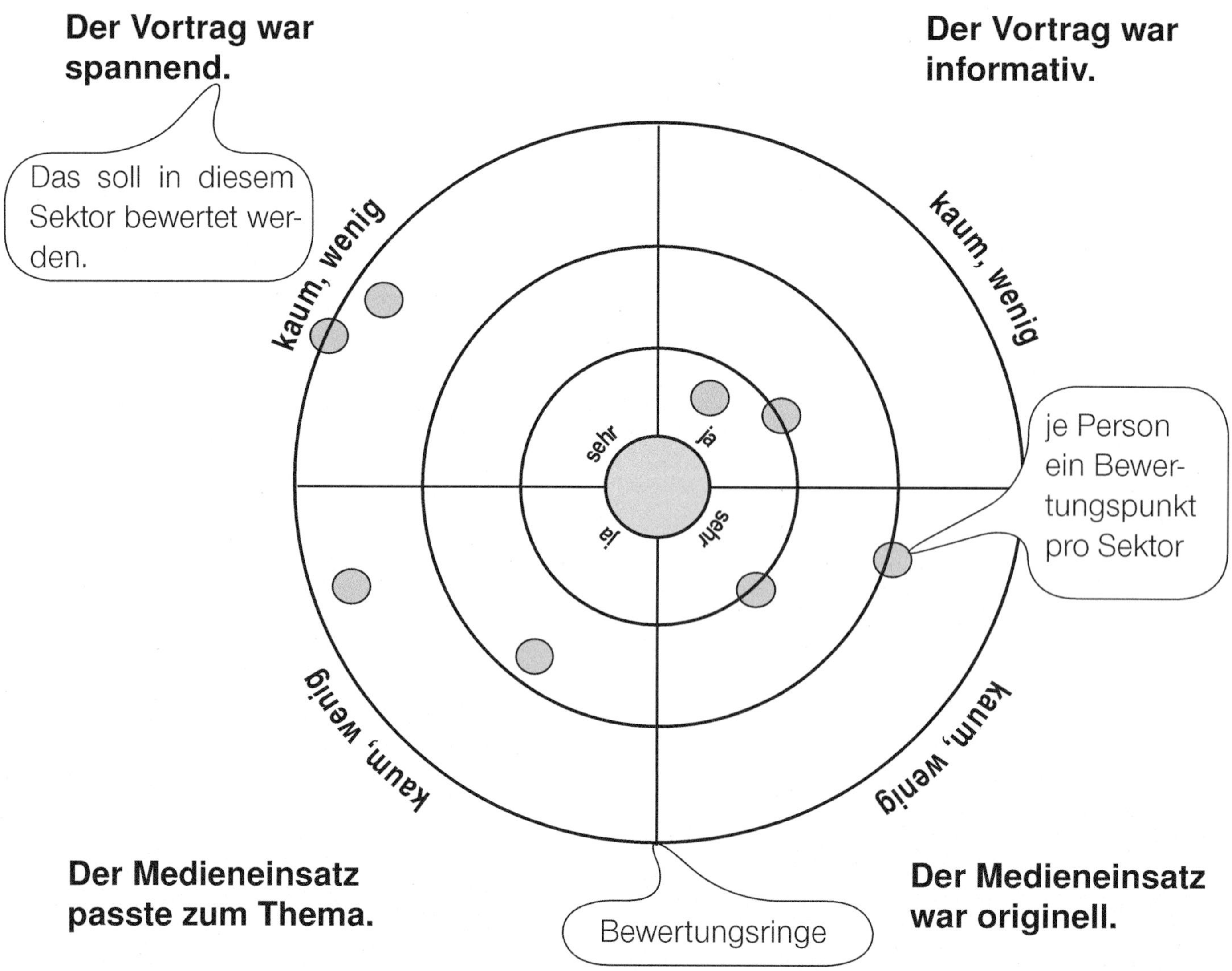

Silke hat im Fach Biologie zum Thema *„Wie reagiert der menschliche Körper auf Belastungen?“* ein Referat gehalten. Sie hat sich eingehender mit den Auswirkungen von Nikotin und Alkohol auf das Herz-Kreislaufsystem beschäftigt.
Als Feedbackmethode hat Silke eine Zielscheibe eingesetzt, mit der ihre Mitschüler/innen ihre **Argumente,** die **Verständlichkeit**, das **Plakat** und ihren **Blickkontakt** bewerten sollten.

Sieh dir die Punkteverteilung auf der Zielscheibe genau an. Wie lässt sich die Punkteverteilung in den einzelnen Sektoren beschreiben und evtl. erklären? Worin könnten Silkes besondere Stärken und Schwächen gelegen haben?

Argumente überzeugend

Inhalt verständlich

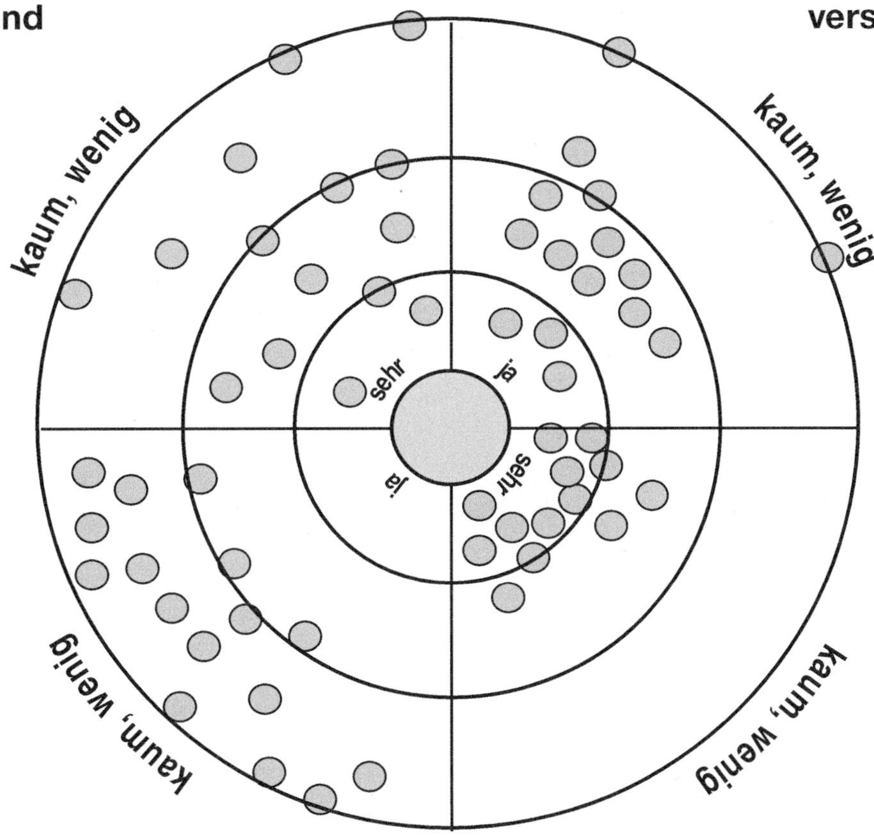

Plakat unterstützt den Vortrag

Blickkontakt zum Publikum

Satzanfänge kannst du sehr vielfältig für ein Feedback zu deiner Präsentation nutzen. Dadurch, dass du Formulierungen vorgibst, die deine Mitschüler/innen ergänzen sollen, kannst du die Rückmeldungen gezielt steuern.

Satzanfänge haben einen großen Aufforderungscharakter, sie erleichtern es dem Einzelnen, sich zur Präsentation zu äußern.

Du kannst Satzanfänge ganz unterschiedlich einsetzen: Schreibe verschiedene Satzanfänge auf mehrere große Plakatkartons, hefte sie im Raum verteilt an die Wand und bitte deine Mitschüler/innen, die Sätze mit Filzstift gut lesbar zu ergänzen. Wenn jede/r unbeobachtet und in Ruhe reagieren soll, kannst du die Satzanfänge auch an die Tafel schreiben. Oder du kopierst sie für jede/n und forderst die Mitschüler/innen auf, ihre Ergänzungen auf die Zettel zu schreiben.

Zur Auswertung der Notizen bittest du dann das Publikum, einzelne Sätze vorzulesen. Wenn du selber eine Auswahl treffen möchtest, sammle die Zettel ein und lies nur vor, was du auch kommentieren möchtest. Die übrigen Rückmeldungen kannst du später in Ruhe lesen. Wenn alle die Sätze auf Plakaten ergänzt haben, kann jede/r sie auf einem Rundgang im Klassenraum lesen.

Hier findest du Beispiele für Satzanfänge, du kannst dir aber auch eigene überlegen.

zum Inhalt

- *„Interessant fand ich . . . .“*
- *„Behalten habe ich . . . .“*
- *„Neu war für mich . . . .“*
- *„Die Beispiele fand ich . . . .“*
- *„Gelernt habe ich heute . . . . . .“*
- *„Diese Frage habe ich noch . . .“*
- ____________________
- ____________________

zur Darstellung

- *„Sehr anschaulich fand ich . . . . .“*
- *„Beim Vortrag hat mir besonders gut gefallen . . . . . .“*
- *„Das Plakat finde ich . . . .“*
- *„Diesen Tipp würde ich noch geben . . . .“*
- ____________________
- ____________________

Gehe die letzte Schulwoche in Gedanken noch einmal durch. Erinnere dich an Vorträge, Unterrichtsthemen, Diskussionen, Tafelbilder oder Arbeitsblätter aus den unterschiedlichen Fächern. Ergänze die unten stehenden Satzanfänge. Damit übst du die Anwendung dieser Feedback-Methode und sammelst wichtige Erfahrungen: Welche Satzanfänge sind besonders gut geeignet? Wie lange dauert die Bearbeitung? Was ist schwierig zu beantworten?

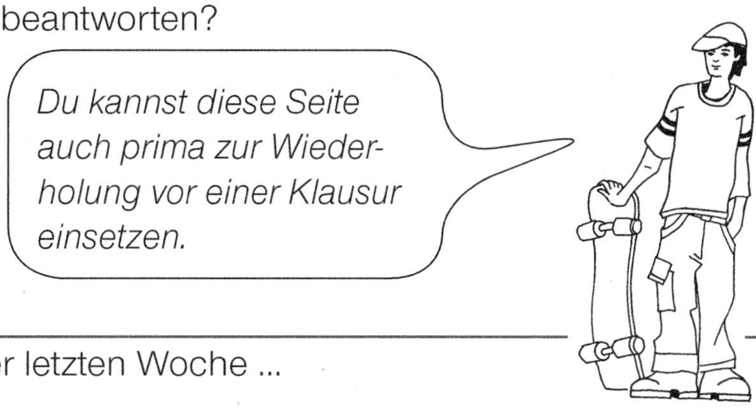

Interessant fand ich in der letzten Woche ...

Behalten habe ich ...

Neu war für mich ...

Verstanden habe ich besonders gut ...

Fragen habe ich noch zu ...

Ein **Merksatz,** an den ich mich noch gut erinnern kann, lautet ...

Lösung zu Seite 19

Ziel →	Vorbereitung →	Medien
den Lebensweg des Malers Vincent van Gogh lebendig werden lassen	Biografien zum Leben van Goghs lesen, interessante und wichtige Daten auswählen	Fotos des Malers und seiner Eltern, Fotos seiner Wohnorte
das Besondere an van Goghs Bild im Vergleich mit berühmten Bildern seiner Zeit deutlich machen	Bilder anderer bedeutender Maler (z. B. Renoir) suchen und Unterschiede notieren	Farbfotokopien von Bildern, die zur selben Zeit entstanden sind
van Goghs besondere Malweise und Farbsymbolik erklären	die Pinselführung genau studieren und herausfinden, was die Farben Gelb und Blau für van Gogh bedeuten	Poster oder Großdruck des Bildes „Sternennacht“

Lösung zu Seite 27

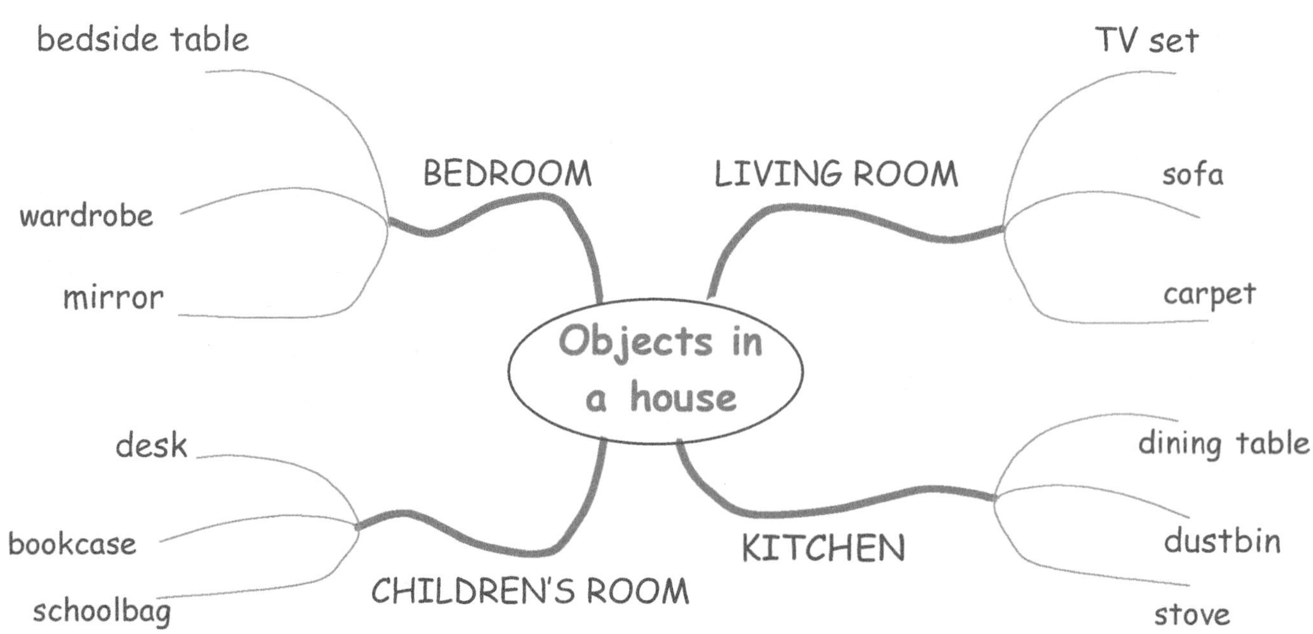

Lösung zu Seite 23

In dieser zeitlichen Reihenfolge könnten die Aufgaben zum Beispiel erledigt werden. Wichtig ist es, feststehende Termine und andere Aufgaben bei der Planung im Auge zu behalten.

Datum	Tag	Aufgaben	Länge	Pausen	Entscheidungen
17.02.	Mo.	11^{15} Uhr: Aufgabe erhalten Informationen aus dem Internet suchen	60 Min.	5 Min.	Was ist wichtig?
18.02.	Di.	Bücher aus der Bibliothek auslei-hen	60 Min.		Öffnungszeiten beachten!
19.02.	Mi.	Texte lesen und markieren wichtige Informationen auswählen Gliederung + benötigte Medien festlegen	1–2 Std.	10 Min.	Atlas, Globus, Folie, OH-Projektor
20.02.	Do.	Lehrer/in nach Folie, OH-Projektor + Globus fragen *Fußballtraining*			
21.02.	Fr.	Mitschüler bitten, Atlanten mitzu-bringen Orte festlegen Skizze vom Gradnetz auf Folie zeichnen *Musikschule*	45 Min.		Heimatort + Hauptstädte Nachkontrolle (Was habe ich geschafft? Was muss ich noch erledigen?)
22.02.	Sa.	Moderationskarten vorbereiten Vortrag üben (allein)	30 Min		Tipps S. 36 beachten! Verlauf, roten Faden festlegen
23.02.	So.	Vortrag üben (mit Probepublikum)	3 x je 10 Min.		Checkliste S. 41 nutzen!
24.02.	Mo.	Globus + OHP abholen 10 Uhr: **Präsentation!**	15 Min.		Freund/in bitten, auf die Zeit zu achten

Lösung zu Seite 29

Wasser

Da es um Prozentanteile (Wasser) vom Ganzen geht, lässt sich dieser Sachverhalt gut in einem **Kreisdiagramm** darstellen. Für jede Altersstufe ist aber ein Einzelbild notwendig.

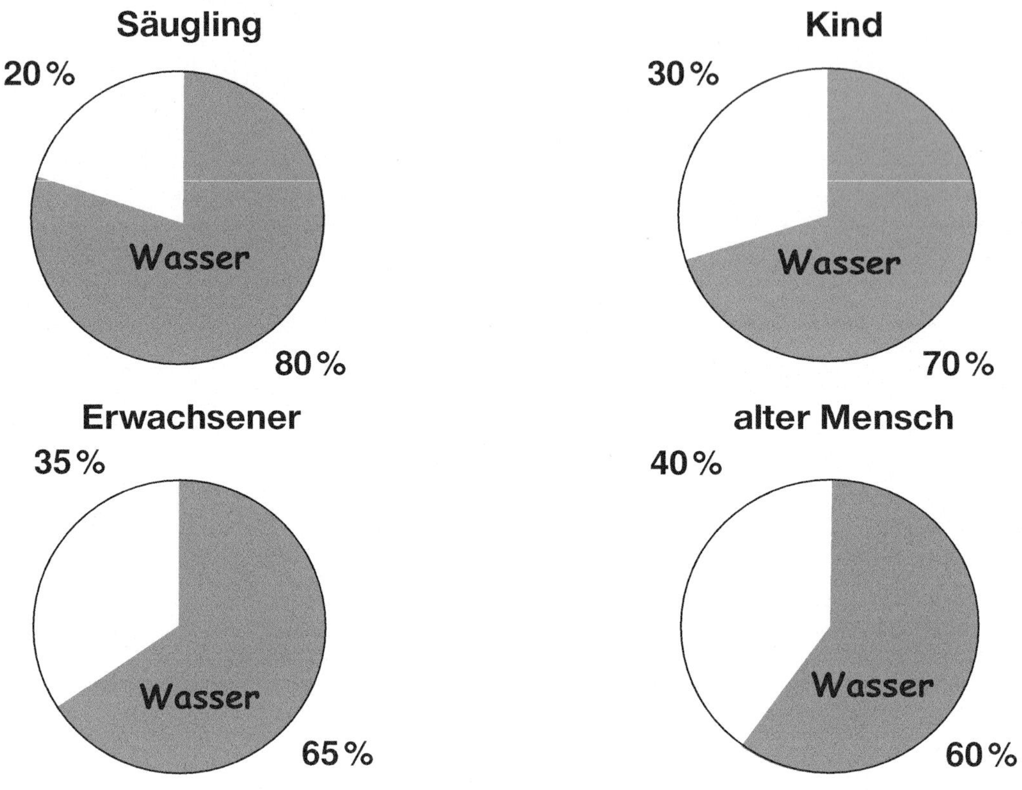

Wenn der gleiche Sachverhalt für alle Altersstufen in einem Diagramm erfasst werden soll, bietet sich hier auch das **Säulendiagramm** mit vier einzelnen Säulen an. Die x-Achse enthält die Altersstufen, die y-Achse zeigt den jeweiligen Wasseranteil in Prozent.

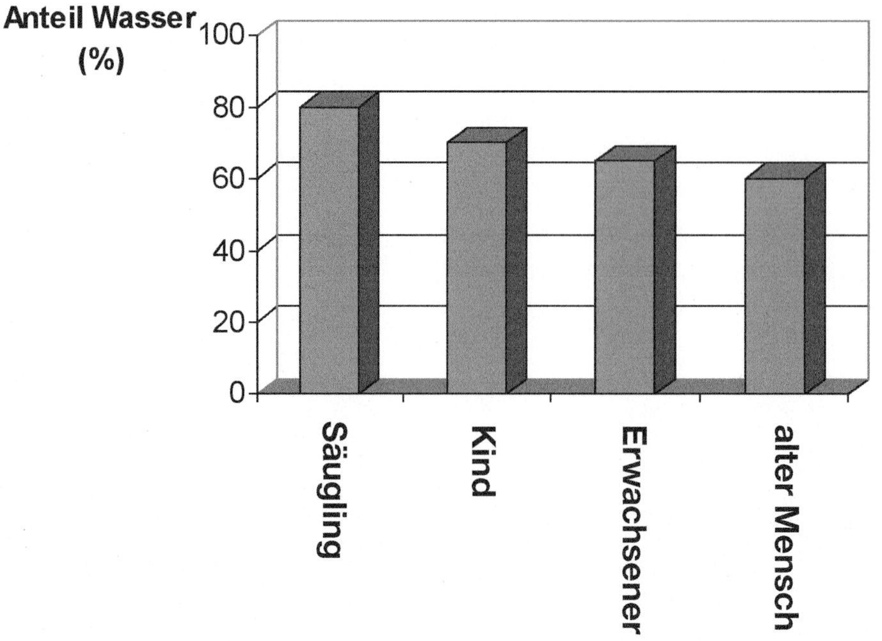

Lösung zu Seite 29

Erdnuss-Cookies

Bei der Zubreitung der Erdnuss-Cookies finden einzelne Tätigkeiten zeitlich parallel oder nacheinander statt. Das erfasst am besten das **Organigramm.**

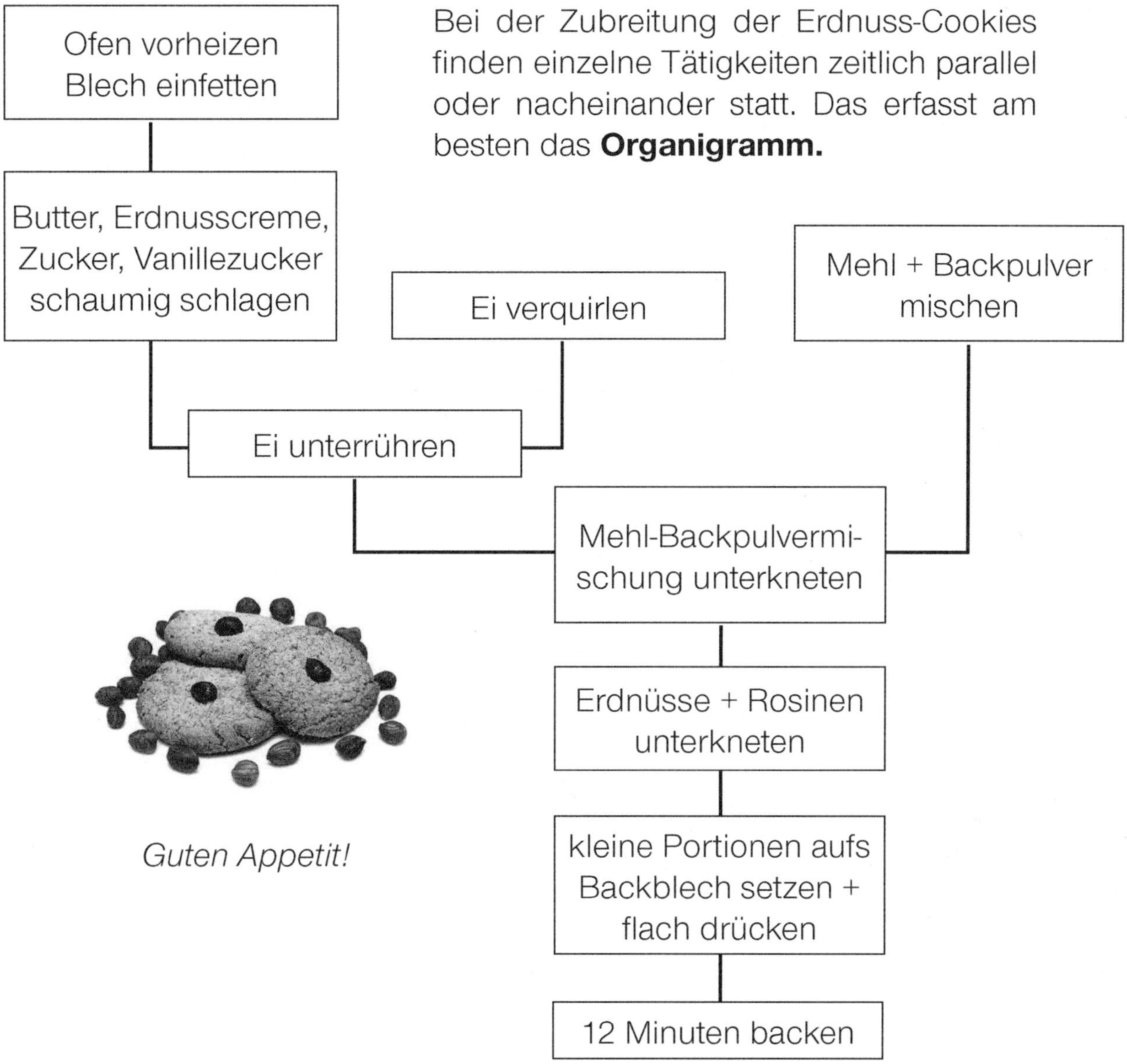

Guten Appetit!

Isolierkanne

Der Temperaturverlauf lässt sich gut in einem **Kurvendiagramm** darstellen. Für jede Kanne gibt es eine eigene Linie. Um den Temperaturunterschied nach 8 Stunden zu betonen, beginnt die Skala auf der y-Achse erst bei 60 °C.

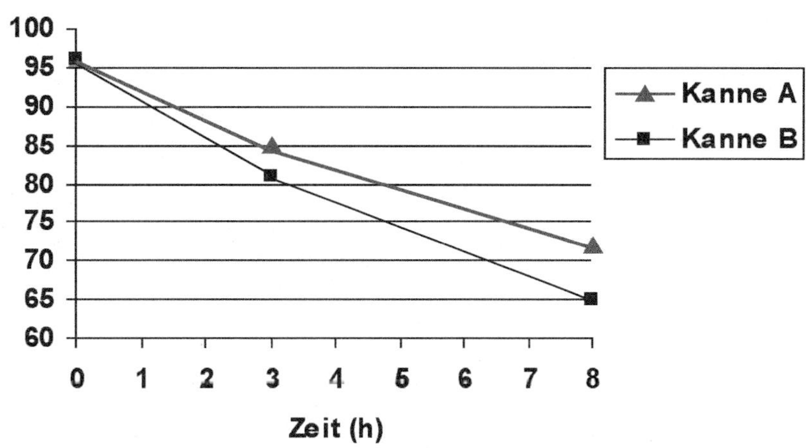

Lösung zu Seite 33

So könnte das Lernplakat zur „Division von Brüchen“ aussehen:

Brüche dividieren

Von einer Tafel Schokolade fehlt ein Fünftel. Den Rest teilen sich 3 Freunde gleichmäßig.

$\frac{4}{5} : 3 =$

Zeichnung:

$\frac{4}{5} : 3 \rightarrow$

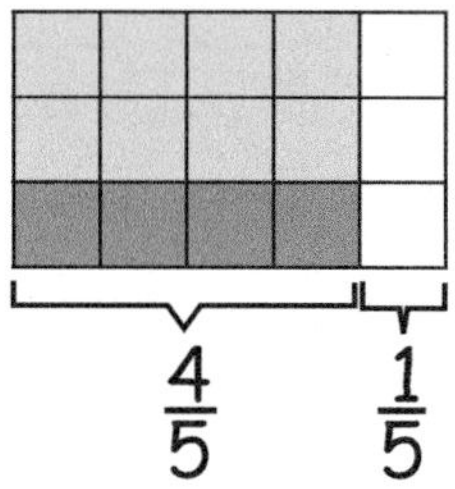

Lösung: **Multipliziere mit dem Kehrwert von 3!**

$\frac{4}{5} : 3 = \frac{4}{5} \cdot \frac{1}{3} = \frac{4 \cdot 1}{5 \cdot 3} = \frac{4}{15}$

Jeder erhält $\frac{4}{15}$ der Schokolade (4 Stücke in der Zeichnung).

Beispiele:

1.) $\frac{8}{9} : 6 = \frac{8}{9} \cdot \frac{1}{6} = \frac{8 \cdot 1}{9 \cdot 6} = \frac{8}{54} = \frac{4}{27}$

2.) $\frac{11}{12} : \frac{2}{3} = \frac{11}{12} \cdot \frac{3}{2} = \frac{33}{24} = \frac{11}{8} = 1\frac{3}{8}$

Merkregel:

„Willst du Brüche dividieren, musst du mit dem Kehrwert multiplizieren.“

Meine Eselsbrücke:
„Das Teilen wird auf den Kopf gestellt.“

$: \frac{3}{4} \curvearrowright \cdot \frac{4}{3}$

Lösung zu Seite 37

Diese Informationen basieren auf dem Zeitungsartikel „Zug um Zug zum Erfolg“ auf der folgenden Seite. Natürlich kannst du im Internet oder in Büchern noch zusätzliche Informationen suchen und mit einbauen.

Je nachdem, welchen Schwerpunkt du setzen willst, können deine Moderationskarten natürlich auch ganz anders aussehen.

Bochumer Theater	eigenes Haus seit 1988	10 Mio. Besucher, 6 200 Vorstellungen	Produktionskosten: 32 Mio. DM
Geschichte	Eisenbahnwettrennen = Traum eines Kindes	Stars: Greaseball (Diesel) + Rusty (Dampf)	Rusty gewinnt
Darsteller	24 Tänzer/Sänger pro Aufführung	440 Darsteller in 15 Jahren	3 Monate Training
Rekorde	120 000 verbogene Achsen 95 000 verbrauchte Rollen	20 Kilometer Pflaster, 10 200 l Nebelflüssigkeit	Greaseball: in 15 Jahren 10 000 km auf Rollen
Episoden	1991 fährt Rusty einbeinig	Mikro auch auf der Toilette = 1 600 Zuhörer	Greaseball landet im Publikum

Zug um Zug zum Erfolg

Das Erfolgsmusical „Starlight Express“ feiert 15. Geburtstag

Bochum: Das erfolgreichste Musical-Theater der Welt steht in Bochum, und es feiert in diesem Monat seinen 15. Geburtstag.

Seit der Premiere am 12. Juni 1988 haben schon fast zehn Millionen Zuschauer das aufwändige Rollschuhspektakel Starlight Express besucht. Da kommen selbst die Hits am New Yorker Broadway und im Londoner Westend nicht mehr mit. Knapp zehn Millionen Besucher sahen die bisher 6 200 Vorstellungen.

Bühnentechnik

Ein eigens für die deutsche Version Starlight Express in Bochum entworfenes Theater wurde gebaut, die Gesamtkosten der Produktion beliefen sich auf 32 Millionen Mark. Noch heute ist das Bochumer Haus dank seiner spektakulären und immer noch zeitgemäßen Bühnentechnik weltweit Vorbild für das in unterschiedlichen Versionen aufgeführte Musical. Ob irgendeine andere Bühne einen ähnlichen Kultstatus erreicht hat – immerhin hat der Starlight-Fanclub über 250 Mitglieder, die mindestens einmal im Jahr das Stück gesehen haben müssen –, ist unbekannt.

Die Handlung des Meisterwerks von Andrew Lloyd Webber ist so einfach wie genial: Es ist Schlafenszeit. Die Mutter ermahnt ihren Jungen, die Eisenbahn aus der Hand zu legen. Doch im Traum des Kindes setzt sich das Spiel fort. Lokomotiven und Waggons werden lebendig. Es entwickelt sich das größte Eisenbahnrennen der Weltgeschichte ... 24 Tänzer und Sänger – alle auf Rollerskates – setzen dieses Spektakel achtmal pro Woche auf der Bochumer Bühne um. Über 440 Darsteller waren es seit 1988 insgesamt. Aber an Nachwuchs mangelt es nicht. Obwohl in den Auditions – den Auswahlverfahren, die in mehreren internationalen Städten wie London, Melbourne oder New York stattfinden – viel verlangt wird und das nachfolgende dreimonatige harte Training vor der ersten Show die Darsteller an ihre Grenzen führt, bewerben sich jedes Jahr über 500 Tänzer in Bochum.

Das Bochumer Haus hält noch andere Rekorde: Die Abteilung Requisite zählt in ihrer Bilanz: 120 000 verbogene Rollschuh-Achsen, 95 000 verbrauchte Rollen, 10 200 Liter verpuffte Nebelflüssigkeit und über 20 Kilometer verbrauchte Pflaster. Allein die Musical-Diesellok „Greaseball“ hat in den letzten 15 Jahren auf der Bühne und den Rennbahnen im Starlight-Express-Theater über 10 000 Kilometer auf Rollen zurückgelegt. Das entspricht einer Strecke quer über den amerikanischen Kontinent und wieder zurück.

15 Jahre sind viel Zeit für kleine Episoden am Rande. 1990 unterschätzte ein Greaseball-Darsteller das Gewicht seines Kostüms und landete während seines Solos hinter der Bande im Publikum. Noch während die Zuschauer ihn zurück auf die Bühne hievten, sang er sein Solo weiter. Das Skript sieht vor, dass Dampflokomotive Rusty das große Rennen gewinnt. In einer Aufführung 1991 zerlegte ein Rusty-Darsteller schon zu Beginn des Rennens seinen Rollschuh und schaffte es einbeinig, die Show erfolgreich zu Ende zu fahren. Das Starlight-Ensemble singt live in Mikrofone, die idealerweise beim Verlassen der Bühne von der Technik ausgeschaltet werden. Nicht bei einer Vorstellung im Jahr 1995: Der betroffene Darsteller ging auf die Toilette und hatte 1 600 Zuhörer. Im Jahr 1996 kamen die Zuschauer in Bochum in den Genuss einer extrem raren Starlight-Variante: der Aufführung von „Plan B“. Der Rusty-Darsteller verlor während des Rennens die Grundplatte seines Rollschuhs und konnte nicht mehr fahren.

Immer wieder neu

Um ihn dennoch gewinnen zu lassen, wurden die anderen Züge wegen Unsportlichkeit disqualifiziert. Trotz des einen Stücks in 15 Jahren haben Starlight-Besucher so immer wieder einmalige Erlebnisse zu sammeln. *(Holger Bergmann in: Ruhrnachrichten, 1. Juni 2003)*

1. Meine/unsere Präsentationsaufgabe

Innerhalb von __________ Tagen/Wochen soll(en) ich (wir):

- ____________________

Meine/unsere Vorkenntnisse:

- ____________________

2. Meine/unsere ersten Überlegungen

Worum geht es hier genau?

- ____________________

Wie komme ich/kommen wir an Informationen?

- ____________________

Wie gehe ich/gehen wir mit den Informationen um?

- ____________________

Bei einer Gruppenarbeit: Wer übernimmt welche Teilaufgaben?

- ____________________

3. Bearbeitung der Inhalte

Das sind meine/unsere (Teil-)Ergebnisse:

- ____________________

4. Planung meiner/unserer Präsentation

Die Ziele bestimmen!

- ____________________

Die Aufmerksamkeit wecken!

- ____________________

Die Aufmerksamkeit erhalten!

- ____________________

Die Medien und Hilfsmittel auswählen!

- ____________________

5. Mein/unser zentrales Medium: ______________________

So könnte mein(e)/unser(e) ______________________ (Tafelbild, Flipchart, Moderationskartenwand, Folie, Plakat ...) aussehen:

6. Der Ablauf meiner/unserer Präsentation

Phasen	Aktionen	Beteiligte	Medien / Material
Einstieg			
Hauptteil			
Ausstieg			
Feedback – inhaltlich – methodisch			

7. Feedback

Meine/unsere Idee für das Feedback der Mitschüler/innen zu meiner/unserer Präsentation:
(Blitzlicht, Zielscheibe, Beobachtungsbogen ...)

- ______________________________
- ______________________________
- ______________________________
- ______________________________
- ______________________________

Meine/unsere Idee für das Feedback der Mitschüler/innen zu den Inhalten:
(Quiz, Worträtsel, Mind-Map, Puzzle ...)

- ______________________________
- ______________________________
- ______________________________
- ______________________________
- ______________________________

☒ Beobachtungsbogen zum Kurzvortrag von ______________________

Körpersprache	Formulierungen
○ Zuhörer angesehen	○ Formulierungen verständlich
○ unterstützende Handbewegungen	○ frei gesprochen
○ offene Körperhaltung	○ Fachbegriffe erklärt

☺ = ja, gut gelungen ㋡ = nur zum Teil ☹ = nein, nicht beachtet

---

☒ Beobachtungsbogen zum Kurzvortrag von ______________________

Körpersprache	Formulierungen
○ Zuhörer angesehen	○ Formulierungen verständlich
○ unterstützende Handbewegungen	○ frei gesprochen
○ offene Körperhaltung	○ Fachbegriffe erklärt

☺ = ja, gut gelungen ㋡ = nur zum Teil ☹ = nein, nicht beachtet